PETER PREU

Die historische Genese der öffentlichrechtlichen Bau- und Gewerbenachbarklagen (ca. 1800 - 1970)

Schriften zum Öffentlichen Recht

Band 581

Die historische Genese der öffentlichrechtlichen Bau- und Gewerbenachbarklagen (ca. 1800 – 1970)

Von

Dr. Peter Preu

Duncker & Humblot · Berlin

CIP-Titelaufnahme der Deutschen Bibliothek

Preu, Peter:
Die historische Genese der öffentlichrechtlichen Bau- und Gewerbenachbarklagen: (ca. 1800 - 1970) / von Peter Preu. – Berlin: Duncker u. Humblot, 1990
(Schriften zum Öffentlichen Recht; Bd. 581)
ISBN 3-428-06865-3
NE: GT

Druck: Alb. Sayffaerth – E. L. Krohn, Berlin 61
Printed in Germany

ISSN 0582-0200
ISBN 3-428-06865-3

„Der individualistische Charakterzug unserer Nation wird nie ein Ende finden in der Geltendmachung des privaten Rechtskreises gegen die Staatsgewalt ... Für diesen Standpunkt gibt es nie ein Ende: die extravaganteste Ausdehnung der Verwaltungsklagen wird doch nur als Abschlagszahlung für weitere Ansprüche gelten."

R. v. Gneist, Holtzendorffs Rechtslexikon III, 2, S. 1116

„Ob ein armer Teufel von einer Gemeinde zu alimentiren ist oder ob die Behörde das Recht hat, einen Branntweinladen zu sperren, darüber, aber auch über zahllose wichtigere Verwaltungsstreitsachen, läßt sich von Rechtswegen entscheiden, ohne daß deshalb die öffentliche Ordnung in's Wanken kommt und schließlich kann ja auch, wo der Streit nur um die Rechtsfrage geführt wird, kein anderes öffentliches Interesse wichtiger sein, als das: daß jedes Recht auch zur Anerkennung gelangt."

K. Frhr. v. Lemayer, Grünhuts Zs. XXII, 353 (479)

Inhaltsverzeichnis

Abkürzungsverzeichnis

Arch. d. Norddt. Bundes	Archiv des Norddeutschen Bundes und des Zollvereins. Jahrbuch für Staatsrecht, Verwaltung und Diplomatie des Norddeutschen Bundes und des Zollvereins
Braunschw.Zs.	Zeitschrift für Rechtspflege im Herzogthume Braunschweig
Jb., Sächs. OVG	Jahrbücher des Sächsischen Oberverwaltungsgerichts
Kamptz' Annalen	Annalen der Preußischen innern Staats-Verwaltung
Kamptz' Jahrbücher	Jahrbücher für Preußische Gesetzgebung, Rechtswissenschaft und Rechtsverwaltung
Rhein. Arch.	Archiv für das Civil- und Criminal-Recht der Königl. Preuß. Rheinprovinzen
Sächs. Arch.	Sächsisches Archiv für Bürgerliches Recht und Prozeß
Striethorsts Arch.	Archiv für Rechtsfälle, die zur Entscheidung des Königlichen Ober-Tribunals gelangt sind
VMBl.	Ministerialblatt für die gesamte innere Verwaltung in den Kngl. Preußischen Staaten
Württ. Arch.	Württembergisches Archiv für Recht und Rechtsverwaltung mit Einschluß der Administrativ-Justiz

Im übrigen wird verwiesen auf Kirchner, Abkürzungsverzeichnis der Rechtssprache, 3. Aufl. Berlin - New York 1983.

Einleitung

Diese Untersuchung zur historischen Genese der öffentlichrechtlichen Bau- und Gewerbenachbarklagen ist aus Vorstudien zu einer größeren Arbeit über den öffentlichrechtlichen Drittschutz hervorgegangen. Es geht ihr folglich weniger um eine zweckfreie Darstellung früherer Rechtszustände, als vielmehr darum, zum besseren Verständnis der heutigen Rechtslage beizutragen. Das scheint um so notwendiger, als einerseits der öffentlichrechtliche Drittschutz in den letzten Jahren eine enorme Dynamik gewonnen hat – „Nachbar"-klagen gegen Großkraftwerke, Verkehrsflughäfen, Straßen- und Kanalbauten, Abfallbeseitigungsanlagen, Dünnsäureverklappung in der Nordsee; „Konkurrenten"klagen gegen Subventionierungen, Stellenbesetzungen oder Ernennungen im Öffentlichen Dienst; „Verbraucher"klagen gegen die Genehmigung von Preiserhöhungen oder Tarifänderungen, um nur die prominentesten zu nennen –, deren letztendliche Weiterungen noch gar nicht absehbar sind. Eben deswegen artikuliert sich aber andererseits zunehmend Unbehagen[1] ob der mit den Drittklagen einhergehenden Unsicherheiten für den durch das angegriffene Verwaltungshandeln Begünstigsten und, soweit zugleich öffentliche Interessen auf dem Spiel stehen, für die Verwaltung selbst. So wird vereinzelt schon bezweifelt, ob überhaupt die „Richtung stimmt"[2], und überlegt, ob nicht zumindest die Nachbarstreitigkeiten besser im direkten – regelmäßig, aber nicht notwendig privatrechtlichen – Verhältnis der eigentlichen Konfliktparteien auszutragen wären[3].

Um so wichtiger sollte es sein zu verstehen, wie es zur jetzigen Situation gekommen ist; weshalb die Gerichte schon zu einer Zeit, da nach gängiger Auffassung der juristische Positivismus blühte, sich durch materielles Gerechtigkeitsdenken gedrängt sahen, praeter oder contra legem öffentlichrechtlichen Drittschutz zu gewähren. Sind vielleicht bestimmte Konfliktarten im Wege des öffentlichrechtlichen Drittschutzes besser zu bewältigen als mit den Mitteln des Zivilrechts? Öffentlichrechtlicher Drittschutz zeichnet sich aus

---

[1] Besonders hat sich Unbehagen im Zusammenhang mit der Baunachbarklage wegen Verletzung des subjektiv-öffentlichrechtlichen Rücksichtnahmeprinzips geäußert; vgl. nur Breuer, DVBl. 1982, 1065 ff.; Redeker, DVBl. 1984, 870 ff.

[2] Weyreuther, Verwaltungskontrolle, S. 48, vergleicht die Rechtsprechung zur öffentlichrechtlichen Nachbarklage mit dem konsequenten „Weiterknöpfen einer Weste, bei der es schon mit den ersten Knöpfen nicht so ganz stimmt".

[3] Schwerdtfeger, NVwZ 1983, 199 (201); ders., NVwZ 1982, 5 (7-10); Konrad, BayVBl. 1984, 33 (36 f., 70 ff.); siehe außerdem Schmidt-Aßmann in: Richterliche Rechtsfortbildung, S. 133; Eyermann, BayVBl. 1974, 237 ff.

durch ein Zusammenspiel von materiellem Verwaltungsrecht und dessen administrativem Vollzug, von Klagebefugnissen Dritter, die in qualifizierter Weise, nämlich in einem durch das materielle Verwaltungsrecht „geschützten" Interesse, betroffen sind, und von Regeln des Verwaltungsverfahrens- und des Verwaltungsprozeßrechts (Widerspruchsfristen, Bestandskraft von Verwaltungsakten, Präklusionsnormen, Substantiierungslasten und dergleichen mehr), in deren Bahnen die beeinträchtigten „Dritten" ihre Interessen bzw. Rechte geltend machen müssen. Der so verstandene öffentlichrechtliche Drittschutz ermöglicht in nachbarschaftlichen Konfliktlagen einen differenzierteren und ausgewogeneren Ausgleich der Interessen der unmittelbar Beteiligten wie auch der Allgemeinheit, als ihn die vergleichsweise groben Instrumente des Privatrechts leisten können. – So lautet die Arbeitshypothese, die es durch die rechtshistorische Analyse zu erhärten gilt.

Daß eine rechtshistorische Untersuchung keine direkten Antworten auf aktuelle Rechtsfragen geben kann, versteht sich von selbst. Wohl aber fördert sie ein vertieftes Problemverständnis, das die Art des Herangehens an ein Rechtsproblem und die Richtung der Argumentation beeinflussen mag.

Die Absicht der Untersuchung erfordert keine breite Darstellung, „wie es war und wie es gekommen ist". Es geht um einen auf das Verständnis der gegenwärtigen Rechtslage bezogenen Problem- und Entwicklungsaufriß. Dazu genügt eine Entwicklungsskizze mit punktuellen und linearen Verdichtungen dort, wo Interessenkonflikte und ihre juristische Bewältigung für die Entstehungsbedingungen, Hemmnisse, Leistungen und Folgeprobleme des öffentlichrechtlichen Drittschutzes erhellend sind. Daß die Untersuchung sich auf die Bau- und Gewerbenachbarklagen konzentriert, liegt zum einen an der besonderen Prominenz dieser Materien. Zum anderen rechtfertigt es sich aus der durch reiches Material dokumentierten wellenförmigen und fast immer kontroversen Entwicklung, die diese Materien an der Schnittstelle von öffentlichem Recht und Privatrecht vom Anfang des 19. Jahrhunderts bis zur Gegenwart genommen haben. So war es zwar für das Preuß. OVG selbstverständlich, daß ein mittelbar betroffener Dritter unter bestimmten Voraussetzungen die an einen anderen gerichtete Polizeiverfügung sollte anfechten können[4]. Aber die Nachbarklage gegen die bau- oder wasserrechtswidrige Zulassung eines Vorhabens schloß dasselbe Gericht jederzeit kategorisch aus[5], wohingegen der Braunschw. VGH und vor allem das Sächs. OVG eine beeindruckende Judikatur zur öffentlichrechtlichen Baunachbarklage entfalteten[6]. – Rechtshistorische Betrachtung verspricht den größten Ertrag, wenn sie unterschiedliche Rechtszustände vergleicht und die Bedingungen des Über-

---

[4] Preuß.OVG v. 9. 5. 1876, E 1, 327 (330), betr. ein an die Gastwirte adressiertes Verbot, an einen „Trunkenbold" Alkohol auszuschenken.

[5] Dazu § 6, 1.

[6] Dazu § 6, 3 und 4.

gangs vom einen zum anderen analysiert. Je stärker die Bewegung, desto größer die Chance, die positiven oder negativen Faktoren zu identifizieren, die innere Rationalität der Entwicklung (so eine vorhanden ist) bloßzulegen. Das prädestiniert die neuere Geschichte des Bau- und Gewerbenachbarrechts zum Studienobjekt.

Der Untersuchungszeitraum beginnt im ausgehenden 18. Jahrhundert. Dieses kannte zwar noch nichts, was den Namen „Öffentlichrechtlicher Drittschutz" verdiente. Doch interessiert der damalige Rechtszustand zunächst als alternatives Modell der Konfliktbewältigung. Zudem setzte dort jener strukturelle Umbruch der Rechtsordnung ein, der der Entwicklung der öffentlichrechtlichen Bau- und Gewerbenachbarklagen den Boden bereitete und ohne dessen Kenntnis die spezifische Rationalität dieser Art des Interessenschutzes kaum zu erfassen ist. – Als Endpunkte wurden die Kreationen einer Nachbarklage „unmittelbar aus Art. 14 Abs. 1 GG" und aus öffentlich-baurechtlichem Rücksichtnahmegebot gewählt, doch ist die Entwicklung seit Beginn der 60er Jahre nurmehr skizzenhaft gezeichnet. Eine genauere Analyse würde insoweit bereits in eine gegenwartsrechtliche Arbeit gehören. Das Hauptgewicht liegt auf dem Zeitraum von etwa 1820/30 bis 1945.

Erstes Kapitel

Abbau subjektiver Rechte und Publifizierung des objektiven Rechts

§ 1: Die rechtliche Situation am Ende des 18. Jahrhunderts

1. Sinn und Präzisierung der rechtshistorischen Fragestellung

Wer nach Vorläufern oder Erscheinungsformen des „öffentlichrechtlichen Drittschutzes“ oder der öffentlichrechtlichen Nachbarklagen ausgangs des 18. Jahrhunderts fragt, muß sich dessen bewußt sein, daß die kategoriale Unterscheidung von wesensverschiedenen „öffentlichen“ und „privaten“ Teilrechtsordnungen dem frühneuzeitlichen Rechtsdenken fremd ist. Die dem Schrifttum geläufige Differenzierung zwischen ius publicum und ius privatum verfolgt wissenschaftlich-systematische Anliegen[1]. Der Idee nach umfaßt das ius privatum diejenigen Rechtsnormen, die in einer staatsfrei vorgestellten Gemeinschaft die wechselseitigen Pflichten und Rechte der Bürger regeln, während das ius publicum Inbegriff derjenigen Rechtssätze ist, die sich aus der Einrichtung des Staates und seinen Aktivitäten in Verfolgung des Gemeinen Wohls ergeben. Im Recht der staatlichen Gemeinschaft (ius civile) verweben sich „private“ und „öffentliche“ Regelungsprinzipien zu einer Gesamtordnung, in der „Privatheit“ oder „Publizität“ nurmehr unterschiedliche Funktionszusammenhänge[2] einheitlicher Regelungen artikulieren. Subjektive oder „wohlerworbene“ Rechte[3] Einzelner sowohl im Verhältnis zu Mitbürgern und Korporationen als auch gegenüber den Obrigkeiten können sich außer aus Verträgen und Privilegien aus „polizeilichen“ Ordnungen ergeben[4], und *Rechts*streitigkeiten gehören ungeachtet der Qualität der Rechtsquelle vor die ordentlichen Gerichte[5]. Einzig auf den Nachweis eines subjektiven Rechts kommt es an.

---

1 Dazu Bullinger, Öffentliches Recht, S. 30-36.

2 Ebd., S. 36.

3 Zum „wohlerworbenen Recht“ siehe Pirson, Artikel „Jura quaesita“.

4 Strube, Unterricht, § XXVI (S. 177); von Zwierlein, Briefe I, S. 164-168; von Berg, Policeyrecht I, S. 144 f., 168.

5 Zur Maßgeblichkeit der *Rechts*verletzung für die Eröffnung des ordentlichen Rechtswegs siehe Erichsen, Grundlagen, S. 70 ff., 82 ff.; Rüfner, Verwaltungsrechtsschutz, S. 26-44, Preu, Polizeibegriff, S. 59 ff., 83 ff.

Damit ist die Fragestellung aber keineswegs sinnlos. „Öffentlichrechtlicher Drittschutz“ bzw. die hier besonders interessierenden öffentlichrechtlichen Nachbarklagen sind ein spezifischer Weg der rechtlichen Bewältigung bestimmter Konfliktsituationen, zu dem es Alternativen geben kann. Gerade auch diese Alternativen interessieren bei der Frage nach den Entstehungsbedingungen des öffentlichrechtlichen Drittschutzes. Es genügt, daß im Untersuchungszeitraum rechtliche Interessenkonflikte vorkommen, deren Lösung heute auf dem Wege des öffentlichrechtlichen Drittschutzes angegangen würde.

In diesem Sinne drittschutzträchtige Sachverhalte finden sich sehr wohl. Städtische Obrigkeiten und Landesherren haben seit dem 30jährigen Krieg alle in die „Öffentlichkeit“ ausstrahlenden Lebensäußerungen der Bürger mit einem dichten Netz rechtssatzmäßiger Ordnungen überzogen, das in den Bereichen gewerblicher und baulicher Tätigkeit besonders dicht geknüpft ist. Nicht nur wären Ansprüche Einzelner auf obrigkeitliches Einschreiten gegen andere theoretisch denkbar gewesen. Gewerbe- und Baupolizeirechte kennen vielfältige Privilegierungs-, Konzessionierungs- und Genehmigungserfordernisse[6], angesichts derer die Möglichkeit von Klagen belasteter Dritter gegen obrigkeitliche Zulassungsakte nicht a limine von der Hand zu weisen ist.

2. Nachbarklage aus Polizeirecht?

„So kann die Polizei dem Bürger befehlen, vor seiner Thüre zu kehren, und sein Nachbar kann ihn verklagen, wenn er es nicht thut: aber nicht aus einem Recht, das im unmittelbar zukäme, sondern Nahmens des Staats, und wird er auf seine Klage nicht gehört, so kann er nicht über Unrecht, sondern nur über schlechte Polizei klagen. Wirft aber sein Nachbar ihm den Koth in sein Eigenthum, so kann er ihn aus einem unmittelbar ihm zustehenden Recht verklagen, und wird er dann nicht gehört, so leidet er wirkliches Unrecht.“ – Nimmt man den polizeilichen Befehl, wie es zeitgenössischer Terminologie entspricht, (auch) in der Bedeutung einer Polizeiordnung, so ist zweierlei an dieser Textstelle aus Johann Georg Schlossers 1789 erschienenen *Briefe(n) über die Gesetzgebung*[7] bemerkenswert: (1) Der Nachbar (B) soll den sich zu seinem Nachteil polizeiwidrig Verhaltenden (A) direkt verklagen können; von einem Vorgehen auf dem Umweg einer Klage gegen die Obrigkeit, gerichtet auf polizeiliches Einschreiten, ist keine Rede. (2) Wird der Klage nicht stattgegeben,

---

[6] Zum Erfordernis vorgängiger Genehmigung im Bauordnungsrecht siehe Gönnenwein, Festgabe Fehr, S. 103-107; von Unruh in: Jeserich u. a., Verwaltungsgeschichte I, S. 406 f. – Wenn § 67 I 8 Preuß.ALR für Neubauten nur eine Anzeigepflicht vorsah, konnte doch vorrangiges (§ 21 Einl. ALR) lokales Statutarrecht striktere Anforderungen stellen. Spezielle Erlaubnistatbestände enthielt im übrigen auch das Baurecht des ALR (§§ 69, 76, 79, 80 I 8).

[7] S. 123.

erleidet B, anders als bei einer Eigentumsverletzungsklage, kein „wirkliches" Unrecht, da er kein ihm unmittelbar zukommendes Recht geltend macht.

Was ist dann aber Grundlage der Nachbarklage wegen „polizeilichen" Unrechts? Dazu muß man sich Schlossers Unterscheidung zwischen „Recht" und „Polizei" vergegenwärtigen. Eine althergebrachte Terminologie aufgreifend, reduziert er den Begriff des (Zivil-)Rechts auf die Gesamtheit derjenigen Normen, die in einer staatsfrei gedachten Gesellschaft nach Art des Naturrechts die Regelung der Verhältnisse zwischen den Bürgern zum Gegenstand haben. Hingegen gehören alle Bestimmungen, die den Bürgern „gegen einander (!) ... Rechte und Verbindlichkeiten ... bloß um des Staats (!) willen" auferlegen, zum Bereich des Polizeilichen[8]. Anliegen dieser Differenzierung ist, objektives Privatrecht und subjektive Privatrechte als gesetzgeberischer Disposition weitgehend entzogen – die *Briefe* richten sich gegen den Entwurf des Preußischen AGB/ALR – zu erweisen[9]. Nicht in Frage gestellt wird die Möglichkeit, subjektive Rechte auf Polizeiverordnungen zu gründen[10]. Doch sind die „polizeilichen" subjektiven Rechte von minderer Dignität als ihre „rechtlichen" Pendants. Insbesondere können sie von der Obrigkeit ohne weiteres kassiert werden[11]. Weiter wird man davon auszugehen haben, daß bei Verletzung der nur „polizeilichen" subjektiven Rechte die Eröffnung des (ordentlichen) Rechtsweges nicht reichsverfassungsrechtlich notwendig ist[12]. Ob der in einem „Polizeirecht" Verletzte vor einem ordentlichen Gericht oder einem Polizeigericht, ob er in einem ordentlichen oder einem summarischen Verfahren rechtliches Gehör findet, oder ob er darauf beschränkt ist, bei der Polizeibehörde Beschwerde zu führen, ist eine Frage des Landesrechts[13].

---

[8] Schlosser, S. 127-129.

[9] Dazu Schulze, ZHistF 6, 317 ff.

[10] Schlosser, S. 129, erwähnt exklusive Privilegien, Monopole, Exemtionen, Immunitäten.

[11] Schlosser, S. 130.

[12] Die Bemerkung Schlossers, dem Kläger widerfahre kein wirkliches Unrecht, wenn er auf seine Klage nicht gehört werde, deutet auf eine Klagabweisung wegen Unzulässigkeit hin. Die Unterscheidung von Unzulässigkeit und Unbegründetheit der Klage ist im 18. Jh. jedoch wenig ausgebildet; vgl. Erichsen, Grundlagen, S. 84 f.

[13] Nach Darstellung von Bergs, Policeyrecht III, S. 593 f., ist bei der Verletzung *reiner* Polizeivorschriften interessierten Dritten nur die „Anzeige" an die Polizeiobrigkeit gegeben, worauf vor dem Polizeirichter ein summarisches Verfahren stattfindet. Gegen die Entscheidung des Polizeigerichts, das Gesetzesverletzungen abstellen und Polizeistrafen verhängen kann, gibt es nur die Beschwerde an die obere Polizeibehörde oder den Landesherrn. – Zum summarischen Prozeß in Polizeisachen vor ordentlichen Gerichten Preu, Polizeibegriff, S. 78 ff.

3. Dominanz subjektivrechtlicher Konfliktregulierung im Verhältnis der Bürger

Das verschwommene Bild der „polizeirechtlichen" Nachbarklage legt nahe, daß es sich um keine sonderlich ernst genommene Problematik handelte. Die intensiven Diskussionen um die Gewährleistung des ordentlichen Gerichtsschutzes konzentrieren sich auf das kompetentielle Verhältnis von obrigkeitlicher Gewalt und Einmischungsrecht des Gerichts, das der Klage stattgibt oder zunächst die aufschiebende Wirkung des Rechtsbehelfs anordnet. Entsprechend steht bei der Ableitbarkeit subjektiver Rechte aus Verleihungen, Herkommen oder Polizei- und Handwerksordnungen die Frage nach dem Vorliegen von gegenüber der Obrigkeit eingriffsfesten iura quaesita im Vordergrund[14]. Hier auftretende restriktive Tendenzen besagen indes noch nichts über die Ableitbarkeit subjektiver Berechtigungen im Verhältnis zwischen Privaten.

In der Bürger/Bürger-Relation scheint die Anerkennung subjektiver Rechte unproblematisch. Das entspricht der ausgeprägt subjektivrechtlichen Struktur der aus einer Unzahl individueller und korporativer Berechtigungen und Verpflichtungen geflochtenen Rechtsordnung einer ständischen Gesellschaft. Wo, wie im Gewerberecht, nicht Handlungsfreiheit das Prinzip, sondern die zunftmäßige Regulierung gewerblicher Tätigkeit auf der Grundlage von Observanzen und lokalen Ordnungen den Regelfall darstellt, ist die subjektivrechtliche Verfestigung der Erwerbstätigkeit und ihrer Freiheit von Beeinträchtigungen die Normalität. Wesentlicher Inhalt von Gewerbegerechtigkeiten ist ihre Ausstattung mit (oder das Fehlen von) Zwangs- und Verbietungsrechten gegenüber Dritten. Zum Wesen landesherrlicher Privilegien gehört die Verpflichtung der Nichtprivilegierten, nichts zu unternehmen, „wodurch der Privilegierte im ruhigen Besizze seines Vorrechts gestört werden könnte"[15]. Das kommunale Baurecht schließlich hat seit dem Mittelalter in städtischen Statuten, später vermehrt in Territorialgesetzen, immer eingehendere Regelungen gefunden, die neben- und durcheinander materielle Bauanforderungen im Interesse der Gemeinschaft wie der Nachbarn statuieren, Art und Weise der obrigkeitlichen Bauüberwachung bestimmen und nachbarliche Einspruchsrechte vorsehen[16]. Die Möglichkeit, nicht gütlich oder behördlich beigelegte Nachbarstreitigkeiten gerichtlich auszutragen, ist gängige Regelung[17]. Daß Bau- und Handwerksordnungen Privaten wechselseitige Verpflichtungen *und* Berechtigungen auferlegen, ist dem Rechtsdenken in so hohem Maße selbst-

---

[14] Dazu Preu, Polizeibegriff, S. 72 m. Anm. 90.

[15] Florencourt, Artikel „Privilegium", § 7 (S. 287); Leist, Staatsrecht, § 90 (S. 274), – Folgerichtig steht die Proklamation des Rechts zum freien Eigentumsgebrauch in § 26 I 8 Preuß.ALR unter dem Vorbehalt der „wohlerworbenen Rechte" anderer.

[16] Vgl. Gönnenwein, Festgabe Fehr, S. 103 ff., 113 ff.

[17] Ebd., S. 106 f.

verständlich, daß eher das Fehlen einer Berechtigung erwähnenswert, denn ihr Vorhandensein besonderer Begründung bedürftig erscheint. Noch um die Wende zum 19. Jahrhundert entnehmen Kompendien des Privatrechts den Bau- und Gewerbeordnungen private Berechtigungen mit großer Unbefangenheit[18], wenn auch die Notwendigkeit einer „einschränkenden Erklärung“ ausschließlicher Gewerbeberechtigungen betont wird[19].

Ein derart ausgeprägt subjektivrechtliches Denken entspricht einer Gesellschaftsordnung, in der jedermann seinen angestammten Platz, seine Funktion und sein angemessenes Auskommen haben soll. Der Schutz fester Rechtsbestände und die rechtliche Absicherung hinreichender Erwerbsaussichten genießen Vorrang vor situationsverändernder und damit destabilisierender Handlungsfreiheit. Die Dominanz des Subjektivrechtlichen bedeutet hochgradige – je nach Blickwinkel – Absicherung oder Sklerotisierung gesellschaftlicher Verhältnisse.

Die Selbstverständlichkeit, mit der Polizeiordnungen individuelle und korporative Berechtigungen entnommen werden, wurzelt nicht zuletzt in einem heute verloren gegangenen Verständnis des objektiven Rechts. Trotz einer seit dem 30jährigen Krieg teilweise enorm angeschwollenen Gesetzesproduktion auf der Grundlage der landesherrlichen potestas legislatoria, die mehr und mehr einseitige Setzung und Befehl als Wesenszug des Gesetzesrechts hervortreten läßt[20], wirkt noch lange eine ältere Auffassung nach, die das Recht weniger dem „vertikalen“ Subordinationsverhältnis Landesherr/Untertanen zuordnet, es vielmehr als ein die cives in der „Horizontalen“ verbindendes Band versteht. Dem für das Bau- und Handwerkswesen besonders ergiebigen städtischen Statutarrecht wird bis weit in das 18. Jahrhundert hinein Vertragscharakter beigemessen („Conventionalstatuten“)[21]. Nichts ist naheliegender, als daß jeder vertragsbeteiligte Bürger Verletzungen der vertragsgesetzlichen Vorschriften gerichtlich soll geltend machen können.

---

18 Vgl. Weishaar, Privatrecht II, §§ 463 ff.; Danz, Privatrecht II, §§ 276 ff.

19 Danz, § 276 (Bd. 2 S. 518).

20 Dazu Link, Gesetz, S. 160; Schulze, ZRG GA 98, 157 (195 ff.); ders. Policey, S. 125 ff.; Ebel, Gesetzgebung, S. 56, 58 f., 69 ff.

21 Dazu Link, S. 168; siehe außerdem Ebel, Gesetzgebung, S. 19 ff., 51 ff. – Quellen zur Diskussion um die Rechtsnatur des städtischen Statutarrechts: C. Ziegler, De juribus Majestatis, lib. 1 cap. V §§ XVI-XVIII (p. 118 f.); Mencke/Jessen, De statutorum non confirmatorum effectu, Th. IX; J. H. Böhmer/Nesen, De natura statutorum, cap. 2 §§ IV-VI, VIII-X; Schnaubert, Beyträge I, S. 61-69; Leist, Staatsrecht, § 95 (S. 294 f.). – Sanktionen werden folgerichtig als Vertragsstrafen gedeutet. – Wenn den Statuten zunehmend Gesetzescharakter zugesprochen wird, so zum einen wegen des Problems ihrer Bindungskraft für Nicht-Bürger und Auswärtige, zum anderen weil man einen landesherrlichen Konzessionierungs- oder Konfirmationsanspruch für „Stadtgesetze“ nachweisen will (ausgeprägt bei Riccius, Entwurf, S. 317-323, 330 f., 333, 357-363). Doch wird die Vertragsnatur nur überlagert. Statuten einer Stadt, die kein ius statuta condendi besitzt, oder den nicht landesherrlich konfirmierten Stadtrechten soll weiterhin vertragliche Bindungswirkung zukommen.

Damit sei allerdings nur der Hintergrund einer aus heutiger Sicht bemerkenswert unbefangenen Ableitung subjektiver Berechtigungen aus Polizeiordnungen erhellt. Eine wirkliche Bürger-Popularklage auf Einhaltung des Statutarrechts hat es nicht gegeben. Beim Fehlen eines plausiblen Eigeninteresses wäre die Klage zumindest dem Mißbrauchseinwand begegnet. Klagen auf Einhaltung baurechtlicher Vorschriften dürften von vornherein auf so kleinräumige Verhältnisse beschränkt gewesen sein, daß das Vorliegen eines hinreichenden Schutzinteresses zweifelsfrei war. Großräumig wirksame Gewerbeimmissionen werden erst im 19. Jahrhundert zum allgemeinen Problem. Überdies achtet die städtische Baupolizei auf eine Absonderung besonders umweltbelastender Gewerbe von den übrigen Wohnquartieren[22]. Für die Einhaltung des Gewerberechts sorgen wesentlich die Korporationen (Innungen, Zünfte). Der Einzelne tritt nicht so sehr hervor.

Anlaß zu Zweifeln an der Legitimität individueller Berechtigungen aus polizeilichen Vorschriften geben am ehesten gewerberechtliche Sachverhalte. Hier wird gegen Ende des 18. Jahrhunderts eine restriktive Tendenz spürbar. Die Reichshandwerksordnung „wegen der Handwercks-Mißbräuche" von 1731 hat der Territorialgesetzgebung die Auflösung von Verkrustungen des Handwerkswesens aufgetragen, was vielfach allerdings äußerst zögerlich oder gar nicht[23] erfüllt wird. Schließlich schlägt das allgemeine Bewußtsein der Notwendigkeit, das lähmende Gespinst subjektiver Berechtigungen zurückzudrängen, unterstützt auch durch ein neues freiheitlich-egalitäres Pathos[24], auf die Gesetzesauslegung durch. Das führt zur Unterscheidung von Rechtsnormen, die private Gewerbegerechtigkeiten begründen, und Polizeivorschriften ohne individuelle Berechtigungswirkung[25]. Freilich wird de lege lata das System der Gewerbegerechtigkeiten und Monopolrechte insgesamt nicht in Frage gestellt. Immerhin gilt nun das Gebot restriktiver Interpretation von Sonderrechten[26].

Klagbare Rechte Einzelner auf Einschreiten der Obrigkeiten zum Schutz ihrer wohlerworbenen Rechte vor Verletzung seitens anderer spielen, obwohl die Schutzpflicht des Gemeinwesens für die Rechte seiner Bürger in der allgemeinen Rechtsanschauung fest verwurzelt ist[27], in der Praxis keine Rolle. Soweit ein der staatlichen Schutzpflicht korrespondierendes individuelles Schutzrecht Anerkennung findet, verwirklicht es sich im Zugang zu den (ordentlichen) Gerichten und im Anspruch auf ein ordentliches Gerichtsver-

---

22 Vgl. von Berg, Policeyrecht II, S. 113, der allerdings anmerkt, daß die Obrigkeit „meistentheils in diesem Puncte nicht sehr streng" sei (S. 113 f.).

23 Dazu Fischer, Handwerksrecht, S. 24 ff.

24 Vgl. Preu, Polizeibegriff, S. 215 f.

25 Vgl. Danz, Privatrecht II, §§ 276, 279. Zur restriktiven Interpretation von Bannrechten siehe auch später Mittermaier, Privatrecht, 7. Aufl., § 529.

26 Florencourt, Artikel „Privilegium", § 12 (S. 289).

27 Dazu Robbers, Sicherheit, S. 81-94.

fahren. Die staatliche Rechtsprechung gilt als *die* primäre Einrichtung zur (inneren) Sicherheit der Rechte. Angesichts der Dichte des Rechtsschutzes im direkten Verhältnis der Bürger werden Ansprüche auf administrativen Rechtsgüterschutz nicht ausgebildet[28].

4. Dreipolige Konfliktsituationen unter Beteiligung der Obrigkeit

Der Inhaber eines wohlerworbenen Rechts kann von jedermann verlangen, in diesem nicht beeinträchtigt zu werden. Zugleich ist er innerhalb der Grenzen mißbräuchlicher Rechtsausübung vor Abwehrklagen anderer sicher. Wer ein gewerbeberechtigtes Grundstück bestimmungsgemäß nutzt, hat keine Einsprüche wegen der damit verbundenen Immissionen zu besorgen. Die rechtliche Regelung und Austragung von Nachbar- oder/und Gewerbekonflikten spielt dank des dichten Geflechts privater Berechtigungen und Verpflichtungen vorzüglich direkt zwischen Störern und Gestörten sowie den jeweiligen Korporationen.

Ein Konflikt-„Dreieck" mit obrigkeitlicher Beteiligung entsteht allerdings, wenn ein Rechtsstörer (A) sich auf eine landesherrliche Gestattung (Privileg) berufen kann. Bei Erteilung neuer Privilegien dürfen nicht schon bestehende Rechte verletzt werden[29]. Der berechtigte Dritte (B) muß angehört werden[30], gegebenenfalls darf die Berechtigung nicht verliehen werden[31]. Der durch die Erteilung des neuen Privilegs verletzte B kann gegen die Obrigkeit den Rechtsweg beschreiten[32]. Aber auch die Klage direkt gegen A soll möglich sein, da das störende Privileg unter der stillschweigenden Klausel „*salvo iure tertio*" ergeht[33]. Die Wahl zwischen einem Vorgehen direkt gegen das störende Verhalten des A oder gegen die landesherrliche[34] Privilegierung ist offenbar eine Frage der Opportunität gewesen.

[28] Allerdings scheint es ausgangs des 18. Jahrhunderts vom Ius publicum universale her Ansätze zur Entwicklung eines subjektiven Rechts auf polizeiliche Verbrechensverhütung gegeben zu haben (dazu Robbers, S. 91 f., 95). Doch ist die Bestimmung des § 76 Einl. Preuß.ALR, daß jeder Bürger den Schutz des Staates „für seine Person und sein Vermögen zu fordern berechtigt" sei, in der Rechtspraxis nur zur Untermauerung des Anspruchs auf gerichtlichen Rechtsschutz herangezogen worden (ebd., S. 93).

[29] Florencourt, § 9 (S. 288); Pütter, Staatsrecht, § 230 Anm. II A; Gönner, Staatsrecht, § 294 III 3; Häberlin, Staatsrecht, § 230 (S. 183), mit weiteren Differenzierungen.

[30] Häberlin, S. 184; Gönner, § 294 III 3.

[31] Vgl. §§ 233 ff. II 15 Preuß.ALR, die Genehmigung neuer Mühlen betreffend, und dazu Preuß.Obertribunal v. 24. 5. 1841, E 7, 188 (194 f.). Außerdem Mittermaier, Privatrecht, 3. Aufl., §§ 293 f. (Wassermühlen); von Berg, Policeyrecht III, S. 463-466 (Mühlen), 404 (Bergbau).

[32] Florencourt, § 9.

[33] Florencourt, § 9; Leist, Staatsrecht, § 90 (S. 274).

[34] Die Klage gegen Maßregeln der kaiserlichen Gewalt ist ausgeschlossen, da es keine dem Kaiser übergeordnete Gerichtsgewalt gibt; dazu Preu, Polizeibegriff, S. 73 m. Anm. 93.

Wegen bloßer obrigkeitlicher Konzessionen oder Konsense scheint eine Klage nicht in Betracht gekommen zu sein. Das liegt in der Natur derartiger Gestattungen. Während die Verleihung eines Privilegs rechtskonstituierend und damit eventuell für Rechte Dritter verkürzend wirkt, bestätigen Konzession und Konsens dem Antragsteller nur die Verträglichkeit des erlaubnisgegenständlichen Verhaltens mit den Gesetzen und den Rechten Dritter, ohne rechtsgestaltende Wirkung zu zeitigen[35]. B hat, da er sein Recht unverändert gegenüber A geltend machen kann, keinen Grund zur Klage gegen die Obrigkeit.

5. Differenzierung zwischen begünstigenden und berechtigenden Normen

Auch im 18. Jahrhundert stellt sich die Frage, wann einer Rechtsnorm eine subjektive Berechtigung entnommen werden kann. Dies allerdings zunächst in *Staats*richtung, nämlich mit Frontstellung gegen das („politische") Reformationsrecht der Obrigkeit: Wann hat die durch eine Norm vermittelte Begünstigung von Einzelnen oder Korporationen den Charakter eines wohlerworbenen Rechts und wann nicht? Die Voraussetzungen subjektiver Berechtigungen im Verhältnis zu anderen Bürgern werden erst allmählich zum Problem.

Als diese Situation eintritt, folgt die Abgrenzung zwischen bloßer Begünstigung und subjektiver Berechtigung der in anderem Zusammenhang entwickelten Grenzlinie zwischen der *rein polizeilichen* oder *auch rechtlichen* Qualität der zugrunde liegenden Norm[36]. Die rein polizeiliche Bestimmung begründet kein subjektives Recht[37]. „Rein polizeilich" heißt, daß die fragliche Anordnung oder Gestattung zum Gemeinen Besten, nicht im „Privat"-Interesse eines Einzelnen oder einer Korporation ergangen ist. Das trifft sich mit jener Formel, die schon anfangs des 18. Jahrhunderts zur Unterscheidung zwischen obrigkeitlicherseits nach Bedarf entziehbaren Begünstigungen auf der einen und bestandsfesten iura quaesita auf der anderen Seite gefunden worden ist: Ein Responsum der Jenaer Juristenfakultät vom April 1706[38] verneinte eine eingriffsfeste Hut- und Triftgerechtigkeit mit der Begründung, daß „alle solche auf den gemeinen Nutzen zielende Anstalten von derselben (Obrigkeit; d. Verf.) lediglich dependieren, und die Metzger zu solcher concession nicht *ihres* privat *Nutzens halben gelanget*". Schon damals trat, als subjektivrechtlich verfestigter Interessenschutz gegenüber einer rechtsetzenden Obrigkeit fragwürdig wurde, die uns geläufige Schutzzweckformel in Erscheinung. Mit zunehmender Problematisierung subjektiver Berechtigungen auch im Verhältnis Bürger/Bürger (oder Bürger/Korporation) ist es nur eine Frage der Zeit, daß

---

[35] Florencourt, § 2 Anm. a (S. 284).

[36] Zu dieser Unterscheidung eingehend Preu, Polizeibegriff, S. 68 ff.

[37] Danz, Privatrecht II, §§ 276, 279.

[38] Von Lyncker, Consultationes Bd. 2, Responsum CXCVII Rn. 11 (Herv. i. O.).

auch hier der Normzweck Beachtung finden muß. Eben hierum geht es, wenn auf die rein polizeiliche oder auch rechtliche („gemischte") Natur der verletzten Bestimmung abgehoben wird.

Indes handelt es sich hierbei um wenig mehr als Ansätze. Von einer dogmatisch gesicherten „Schutznormtheorie" ist im 18. und frühen 19. Jahrhundert keine Rede. Der uns heute so problematische Nexus zwischen verpflichtendem objektivem Recht und subjektiver Berechtigung wird alles in allem vernachlässigt. So können beispielsweise nach bayrischem Recht die städtischen Polizeidirektionen bei Übertretung von Polizeivorschriften den Ersatz des verursachten Schadens verfügen[39], ohne daß es auf eine spezifische Qualität der verletzten Norm ankäme. Im Deliktsrecht des Preuß.ALR hingegen tritt der Schutzzweckgedanke schon deutlicher zu Tage, wenn verschärft haften soll, wer ein „auf Schadensverhütungen abzielendes Proliceygesetz vernachlässigt" (§ 26 I 6).

§ 2: Die Ausdünnung des subjektivrechtlichen Interessenschutzes auf der Ebene des materiellen Rechts im 19. Jahrhundert

„Unsere Zeit hat viel mittelalterliches Recht weggeräumt und größeren Theiles wohl daran gethan", konstatiert Johann Kaspar Bluntschli im Vorwort zur ersten Auflage seines *Deutschen Privatrechts* von 1853[40], und eine Monographie zum Privatnachbarrecht[41] bemerkt 1861, daß das „Nachbarrecht ... in neurer Zeit in fast allen deutschen Ländern durch die Gesetzgebung beseitigt worden" sei. Dermaßen radikal ist der Kahlschlag ausgefallen, daß Bluntschli sich veranlaßt sieht anzufügen, es habe deshalb keineswegs, wie manche Juristen meinten, die Wissenschaft vom deutschen Privatrecht „fast allen Rechtsstoff eingebüßt"[42]. Uns interessieren die Ziele und die Wege oder „rechtstechnischen" Modalitäten dieses tiefgehenden Abbaus subjektivrechtlichen Interessenschutzes, führt er doch letztlich hin zur Ausbildung des öffentlichrechtlichen Drittschutzes in seiner heutigen Gestalt.

---

[39] Instruktion der Polizei-Direktionen in den Städten v. 24.9.1808, § 90 (RegBl. Sp. 2905). Zu nachbarlichen Schadensersatzansprüchen nach bay. Recht für Vermögensschäden aus der Verletzung baupolizeilicher Vorschriften vgl. J. A. Seuffert, Gerichtsordnung I, S. 44, 159; von Schmädel, Handbuch, § 543 (S. 521).

[40] Zitiert nach der 3. Aufl., S. V.

[41] Ch. A. Hesse, Rechtsverhältnisse II, S. 298.

[42] Bluntschli, S. V.

1. Die Ziele: Freiheit der Gewerbe und des Bauens

Daß die überkommene Gewerbeverfassung dem Gemeinen Wohl abträglich, weil einer zu Wohlstand führenden Entwicklung der Produktivkräfte hinderlich sei, ist zu Beginn des 19. Jahrhunderts opinio communis der aufgeklärten staatstragenden Kreise. Hatte schon die Reichshandwerksordnung von 1731 – vorerst kaum wirksam – mehr Wettbewerb zum gesetzgeberischen Programm erhoben[43] und war ihr im letzten Drittel des 18. Jahrhunderts auch der „aufgeklärte" Kameralismus hierin gefolgt, so erhält die Forderung nach (mehr) Gewerbefreiheit jetzt zusätzlichen Nachdruck zugleich aus der ökonomischen Theorie Adam Smiths (Preußen) und der kantischen Freiheitsphilosophie: Gewerbefreiheit als Ausfluß des emanzipatorischen Postulats allgemeiner Bürgerfreiheit wie auch im Interesse des Staates an florierender Wirtschaft. Zwar hält das Prinzip der Gewerbefreiheit zunächst nur in Preußen Einzug (1810/1811)[44], doch unterliegt bis zu seiner allgemeinen Durchsetzung in den 60er Jahren die überkommene Gewerbeverfassung allerorten einem Erosionsprozeß, der besonders die subjektiven Gewerbegerechtigkeiten mit Ausschluß- oder Verpflichtungswirkung gegenüber anderen Privaten erfaßt[45]. Die zu realisierende Gewerbefreiheit ist nicht nur Freiheit von obrigkeitlicher Reglementierung und Bevormundung. Sie ist mindestens ebensosehr Freiheit von Verpflichtungen im Verhältnis der Bürger und Korporationen.

Das Grundstücksrecht ist von diesem Prozeß zunächst betroffen, soweit es mit Gewerbegerechtigkeiten gekoppelt ist. Aber auch weitreichende nachbarliche Einspruchsrechte gegen immissionswirksame gewerbliche Grundstücksnutzungen geraten ins Visier staatlicher Gewerbe- und Industrieförderungspolitik. Das alte Bodenrecht, das „dem Gewerbebetriebe schädliche Fesseln anlegt und die Entwicklung der Industrie in nicht zu übersehender Weise lähmt", zugunsten eines „Standpunkte(s) der Freiheit"[46] zurückzuschneiden, ist rechtspolitisches Dauerpostulat des 19. Jahrhunderts, dessen sich Gesetzgebung, Justiz und Rechtswissenschaft zu unterschiedlichen Zeiten und mit wechselnden Anteilen annehmen.

Doch darf auch der Bereich nicht-gewerblicher Grundstücksnutzungskonflikte nicht auf Dauer Reservat überkommener Rechtszustände bleiben. Das großenteils dem 16. und 17. Jahrhundert entstammende Baurecht wird gesam-

---

[43] Vgl. Fischer, Handwerksrecht, S. 29 f.

[44] Vgl. nur Conze in: Jeserich u. a., Verwaltungsgeschichte II, S. 30; Rüfner, ebd., S. 476.

[45] Überblick über den bei Erlaß der GewO von 1869 in den Staaten des Norddeutschen Bundes erreichten Stand in Arch. d. Norddt. Bundes III, S. 3-8; Kletke, Gewerbeordnung, S. 66 f.

[46] Motive zum BGB, Mugdan III, S. 147; ähnlich die Allg. Motive zu §§ 22 ff., *30* des Sächs. GewerbeG von 1862, abgedruckt bei Königsheim, Gewerbegesetz, § 30 Anm. 77.

melt, durchforstet, neu geordnet und gerade auch in seinen privatrechtlichen Teilen rigoros gelichtet. Die dahinter stehende Philosophie verdeutlicht der Gesetzgeber der württembergischen Bauordnung von 1872/1873[47]: Die „möglichst freie Bewegung" der Bauinteressenten wecke und befördere die Baulust, sichere am besten die Befriedigung der allgemeinen Bedürfnisse und trage „am meisten zu einer raschen und naturgemäßen Entwicklung der wirtschaftlichen Verhältnisse und damit des Volkswohlstands bei".

2. Das Mittel: Vom wohlerworbenen Recht des Privilegierten zum Recht aller auf freies Handeln

„Vom wohlerworbenen Recht zum Recht auf freies Handeln" – auf diese Formel kann man den Entwicklungsgang des subjektivrechtlichen Interessenschutzes Privater bringen. Wo der Inhaber der Gewerbegerechtigkeit, des Zwangs- und Bannrechts oder des Monopols weitestgehenden Schutz gegen Beeinträchtigungen seines Erwerbsinteresses genoß, schließt das jedermann gleichermaßen zukommende Recht *zum* freien Gebrauch seiner Mittel und Fähigkeiten solcher Art „umhegte Rechtsbezirke" gerade aus. Der rechtlichen Einkleidung beraubt, bleiben bloße *Interessen*[48], die ihre Grenzen an den Rechten der anderen sowie, im Subordinationsverhältnis zum Staat, an den Polizei- und Strafgesetzen finden. Einer Ingerenz aus dem Gebrauch, den andere von ihrer „gleichen" Freiheit machen, haben sie nichts entgegenzusetzen[49].

a) Die subjektivrechtliche Indifferenz des „Verwaltungs"-Rechts

Der Übergang von einer Rechtsordnung, die primär durch die wohlerworbenen Rechte der Einzelnen geprägt ist, zu einer freiheitlich strukturierten Ordnung vollzieht sich in einem vielschichtigen Prozeß. Das Augenmerk in erster Linie auf die Aufhebung subjektiver Rechte durch den Gesetzgeber und den Abbau des Gerichtsschutzes gegen staatliche Hoheitsakte zu richten[50], griffe zu kurz. Die Demontage privater Berechtigungen kann in ihrem Ausmaß und ihrer Tiefe nur im Kontext des Auseinanderbrechens der Gesamtrechtsordnung in einen öffentlichrechtlichen und einen privatrechtlichen Teil angemessen erfaßt werden.

Die Rechtsordnung wird zweigeteilt in Normen, die Rechte und Pflichten des Einzelnen als Untertan zum Staat, und solche, die Rechte und Verpflich-

---

[47] Motive zum Allg. Teil der Württ. BauO, abgedruckt bei Bitzer, Bauordnung, S. 5.

[48] Vgl. von Pfizer, Verwaltungs- und Civil-Justiz, § 6 (S. 9).

[49] Siehe auch Henke, Subjektives öffentliches Recht, S. 16 f.

[50] Vgl. Bullinger, Öffentliches Recht, S. 49 ff.; Henke, S. 18 ff.; Hartmut Bauer, Geschichtliche Grundlagen, S. 124.

tungen der Bürger in ihren wechselseitigen „Privat"-Verhältnissen zum Gegenstand haben[51]. Koordinatives Privatrecht und subordinatives öffentliches Recht bezeichnen verschiedenartige Regelungsebenen, die, wenn sie auch in concreto denselben Gegenstand haben mögen, sich zwar überlagern oder kreuzen, niemals aber miteinander „kollidieren" oder verschmelzen können. Folgerichtig zu Ende gedacht, richten sich die Verwaltungsgesetze nicht an die ohnehin der staatlichen Gewalt Unterworfenen, sondern allein an die Obrigkeit[52]. Diese wird über Voraussetzungen, Mittel und Ziele der Staatstätigkeit im Verhältnis zu den Untertanen „instruiert". Zum Verständnis der Folgeprobleme für den Interessenschutz Dritter von größter Bedeutung ist, daß die einschlägigen Verwaltungsrechtsnormen auf die jeweils einzelnen Subordinationsverhältnisse Staat/Bürger isoliert werden. Die Verwaltungsrechtsnormen und die normvollziehenden Behördenakte zeitigen Rechtswirkungen ausschließlich zwischen Behörden und Verbots-, Verfügungs- oder Genehmigungsadressaten. Dritte können aus ihnen nichts für sich (oder gegen sich) herleiten. Die den A belastende Verpflichtung oder ihn begünstigende Genehmigung ist für B rechtlich nicht existent[53]. Bau- oder Gewerbeerlaubnisse ergehen im weitesten Sinne unbeschadet der Rechte der Nachbarn[54].

Der Aufspaltung der Rechtsordnung in „privates" Koordinations- und „öffentliches" Subordinationsrecht entsprechen ausschließliche Entscheidungskompetenzen einmal der Ziviljustiz, das andere Mal der Verwaltungsbehörden, die unabhängig voneinander existieren und jeweils exklusive Entscheidungsbereiche haben[55]. Da die zu entscheidenden Fragen und die beurteilungsmaßstäblichen Normen immer andere sind, sind nur Kompetenzüberschneidungen, nicht aber Kompetenzkollisionen denkbar[56]. In der Praxis des Baugenehmigungsverfahrens sieht das folgendermaßen aus: Zwar wird, gestützt auf § 68 I 8 Preuß.ALR, wonach die Obrigkeit bei Prüfung der Bauanzeige künftigen Streitigkeiten möglichst vorbeugen soll, die Polizeibehörde für verpflichtet erachtet, neben polizeilichen Belangen auch Interessen der Nachbarn zu berücksichtigen. Doch dies ausschließlich „vorbehaltlich dessen, was nur Gegenstand gerichtlicher Entscheidung sein kann"[57]. Folglich ist die in Städten geübte Genehmigungspraxis unter Aufnahme sog. Nachbarproto-

---

[51] Vgl. von Pfizer, §§ 9, 10, 19, 52; Puchta, Klagen, § 100 (S. 275); Reyscher, Privatrecht, § 4.

[52] Von Gneist, Artikel „Beschwerde", S. 323, 325.

[53] Preuß.Obertribunal v. 18. 8. 1856, E 35, 279 (284 f.); Preuß.Kompetenzgerichtshof v. 9. 3. 1872, JMBl. 1872, 135 (138).

[54] Vgl. Preuß.Obertribunal v. 24. 6. 1841, E 7, 188 (199); v. 18. 8. 1856, E 35, 279 (284 f.); Puchta, Klagen, §§ 105, 110 (S. 290 f., 302); Werenberg, JherJb. 6, 1 (42); Roesler, Verwaltungsrecht, § 188 (Bd. I, 1 S. 445).

[55] Mittermaier, AcP 4, 305 (332); Stahl, Rechts- und Staatslehre, §§ 174, 177 (S. 608 ff., 675 f.); Behr, Verfassung und Verwaltung II, S. 117.

[56] Mittermaier, S. 344; von Pfizer, Verwaltungs- und Civil-Justiz, §§ 26, 57.

[57] Reskript v. 6. 4. 1835, Kamptz' Annalen 19, 497.

kolle ohne nachbarrechtliche Relevanz. Die Anhörung der Nachbarn und Erörterung ihrer Einwendungen gilt als Gebot lediglich der Praktikabilität und Billigkeit[58]. Weder hat der Nachbar Anspruch auf dieses Verfahren, noch kommt aufgrund der materiell-polizeirechtlichen Vorschriften, des Genehmigungsverfahrens oder der Bauerlaubnis ein Rechtsverhältnis zwischen Nachbar und Behörde oder Bauwerber zustande[59]. Der Nachbar kann nicht einmal Einwendungen aus Baupolizeirecht erheben[60], und zwar, da die Hinderungsgründe materiellrechtlicher Art sind, ganz unabhängig davon, ob es verwaltungsgerichtlichen Rechtsschutz gibt oder nicht.

b) Abbau subjektiver Rechte durch Publifizierung des materiellen Rechts

Der großflächige Abbau subjektiver Berechtigungen durch Transformation der Rechtsordnung zum „Standpunkt der Freiheit“ erfolgt im Gesamtzusammenhang der Unterscheidung von öffentlichem und Privatrecht. Beachtung verdient dabei, daß die Entschädigungspflichtigkeit der Aufopferung wohlerworbener Rechte für die Allgemeinheit, wie er in § 75 Einl. Preuß.ALR Niederschlag gefunden hat, am Ende des 18. Jahrhunderts allgemein anerkanntes Rechtsprinzip ist. In einer Zeit leerer Staatskassen setzt das dem gesetzgeberischen Gestaltungsspielraum wirksame Grenzen. Die Aufhebung privater Berechtigungen durch Gesetz ist deshalb nur *ein* Mittel zum Abbau individueller Berechtigungen. Erst die Publifizierung des Interessen schützenden Rechts ermöglicht bzw. bewirkt einen in die Breite und in die Tiefe gehenden Prozeß der subjektiven Entrechtung.

„Publifizierung“[61] heißt: die dem Einzelnen günstigen alten Rechtsvorschriften werden in Anordnungen rein polizeilicher Natur (um)interpretiert, neues Recht als Polizei- oder Verwaltungsrecht erlassen. Der Wirkungsmechanismus solcher Publifizierung ist unterschiedlicher Art. Zunächst nimmt der Nachweis, daß eine begünstigende Norm polizeilicher Natur sei, der durch sie vermittelten Position das Resistenzvermögen eines eingriffsfesten wohlerworbenen Rechts – die Publifizierung als „Weichmacher“. Sodann können Geltung und Berechtigungswirkung einer individualbegünstigenden Vorschrift auf verschiedene Weise von ihrer nicht-polizeilichen Qualität abhängen. Hat der Gesetzgeber für ein Teilgebiet die polizeilichen Freiheitsbeschränkungen allgemein aufgehoben, bewirkt der Nachweis der „polizeilichen“ Natur einer Vorschrift deren Fortfall. Selbst eindeutig subjektivrechtliche Zustimmungsvorbehalte für Grundstücksnachbarn verschwinden auf diese

---

[58] Für Berlin siehe Baltz, Baupolizeirecht, S. 65 f. Anm. 10.

[59] Vgl. Grein, Baurecht, S. 20; Baltz, S. 29.

[60] Grein, S. 20.

[61] Zur Herkunft des Begriffs vgl. D. Schmidt, Unterscheidung, S. 15 f.

Weise. Erhebliche Unsicherheiten und damit auch Spielräume für richterliche Rechtspolitik durch Gesetzesinterpretation ergeben sich in den Überschneidungszonen von liberalisiertem Gewerberecht und überkommenem Nachbarrecht, wie anschließend am Beispiel des Lübischen Nachbarrechts gezeigt wird[62]. Aber auch wo der Gesetzgeber untätig geblieben ist, werden polizeiliche Vorschriften von den Gerichten und im Schrifttum als aufgehoben oder obsolet, privatrechtliche hingegen als weiter in Geltung angesehen. Ein- und dieselbe Vorschrift soll in ihren öffentlichrechtlichen Gehalten außer Kraft getreten, hinsichtlich der Vermittlung privater Rechte hingegen weiterhin wirksam sein können. Vor allem für das Baurecht ist diese Gemengelage kennzeichnend[63]. Bei vielen Bestimmungen ist die Zuordnung zum öffentlichen oder Privatrecht zweifelhaft[64]. Hier gilt: Zweifel gehen zu Lasten des Privatrechts. – Schließlich wird die schon angesprochene Isolierung der öffentlichrechtlichen Normen auf das *Subordinations*verhältnis zwischen Norm-, Verfügungs- oder Erlaubnisadressat und Staat bzw. Behörde wirksam. Im *koordinativen* Verhältnis der Privaten begründet die alte Polizei- oder neue Verwaltungsrechtsnorm weder Berechtigungen noch Verbindlichkeiten, „und eben darum steht denselben gegen die Aufhebung oder Modifikation solcher Beschränkungen in einem speziellen Falle (durch Bauerlaubnis oder Dispens; der Verf.) auch kein Widerspruchsrecht zur Seite“[65]. Die den Dritten begünstigende Polizei- oder Verwaltungsrechtsnorm ist damit, da der Einzelne kein normgemäßes Verhalten der Behörden erzwingen kann, zur Disposition der Verwaltung gestellt.

Solange nicht der Gesetzgeber Klarheit geschaffen hat, was aus dem oft Jahrhunderte alten Gesetzesmaterial an Feuer-, Gesundheits-, Bau- und Handwerksordnungen, lokalen Statuten, Territorialgesetzen, Verordnungen und Observanzen noch in Geltung sein soll und was weiter sich zur Begründung subjektiver Privatrechte eignet, ist dies Sache von Justiz und Rechtswissenschaft. Die Rechtsquellen werden gesammelt und geordnet. Obwohl man betont, daß auch das Polizeirecht den Bürgern „besondere Rechte“ einräumen könne[66], fällt schon mit der Zuordnung einer Bestimmung zum Privat- oder zum Polizeirecht eine Vorentscheidung für oder gegen ihre individuelle Berechtigungswirkung. Das „besondere“ Recht des Privaten aus einer polizeilichen Norm ist die Ausnahme. Indem man weite Teile des Bau- und

---

62 Dazu unten c).

63 Zum preuß. Baurecht vgl. Grein, Baurecht, S. 31 f.; außerdem das Gesetz betreffend die Aufhebung verschiedener baupolizeilicher Bestimmungen im Gebiet der Stadt Frankfurt a. M. v. 1884 (GS S. 297): „Die Bestimmungen der bezeichneten Statute und Gesetze, welche zugleich baupolizeilicher und privatrechtlicher Natur sind, hören auf, Polizeivorschriften zu sein und bleiben lediglich als solche des Privatrechts bestehen.“ – Zur Württ. BauO 1655 vgl. von Sarwey, Württ. Arch. 1, 135 (144 f.).

64 Zum württ. Baurecht vgl. Bitzer, Bauordnung, S. 17.

65 Von Schmädel, Baupolizeiverwaltung, § 6 (S. 48).

66 Von Pfizer, Verwaltungs- und Civil-Justiz, § 57.

Gewerberechts zum Amtsrecht umdeklariert, entrückt man es der Interessensphäre der Privaten. Das alte Recht wird in ein ihm fremdes Schema von öffentlichem und Privatinteresse bzw. -recht gezwungen. Die Entgegensetzung von polizeigesetzlicher Regelung und privater Berechtigung ist ihm ursprünglich fremd, die nunmehr gefragten Implikationen sind ihm unbekannt. Entsprechend aussichtslos ist es, ihm Kriterien für die neue Unterscheidung entnehmen zu wollen. Das eröffnet Entscheidungsspielräume. Oft genug mutet die Qualifizierung einer Regelung willkürlich an. Eine Materie wie das Zunftwesen entzieht sich eindeutiger Klassifizierung[67]. Gängiges Abgrenzungskriterium soll, nachdem private Rechte sich durch die Verfügungsbefugnis ihres Inhabers auszeichnen, sein, ob es sachgerecht ist, die Befolgung der fraglichen Vorschrift zur Disposition des Begünstigten zu stellen[68]. Die restriktive Tendenz ist offensichtlich. Die als Beschränkungen einer primären, natürlichen Handlungs- und Eigentümerfreiheit aufgefaßten Bestimmungen begründen Privatrechte nur, wenn sie *ausschließlich* im Interesse des Begünstigten erlassen sind[69].

Für Nachbarn weitaus günstiger ist die von von Schmädel[70] 1846 für das bay. Baurecht in Anknüpfung an die eigentumsrechtliche Systematik des Preuß. ALR (Teil I Tit. 8 §§ 33 ff., 102 ff.) vorgenommene Ordnung des Rechtsstoffs danach, ob es sich um Freiheitsbeschränkungen im öffentlichen oder im Privatinteresse handelt. Das Interessenkriterium macht es möglich anzunehmen, daß eine Vorschrift *zugleich* dem öffentlichen und einem Privatinteresse dient[71]. Je nach Interessenschutzrichtung können eigentlich „polizeiliche" Bestimmungen auch Rechtsverhältnisse nachbarlicher Grundstücke begründen. Im Baugenehmigungsverfahren führt das nach von Schmädels Darstellung der bayrischen Baupolizeiverwaltung dazu, daß bei Mißlingen des auf eine Nachbareinrede wegen Verletzung baupolizeilicher Bestimmungen hin zu unternehmenden Sühneversuchs die Behörde prüfen muß, ob der Nachbar in der Sache „wirklich ein *individuelles Interesse* hat, welches in den Bauordnungen gesetzlich geschützt ist, oder nicht"[72]. Bejahendenfalls müsse die Genehmigung versagt werden, widrigenfalls sei die Administrativ-Beschwerde gegeben. Scheitere der bei einer Verletzung von Baunachbarrecht zu wiederho-

---

[67] Überwiegend gilt das Zunftwesen als polizeiliche Veranstaltung: Mittermaier, Privatrecht, 7. Aufl., §§ 504, 505; Eichhorn, Privatrecht, § 385; von Pfizer, §§ 6, 56. Für gemischt privat-/polizeirechtlichen Charakter des Zunftrechts Reyscher, Privatrecht, § 6.

[68] Mittermaier, Privatrecht, 3. Aufl., § 148 (Bd. 1 S. 296); Puchta, Klagen, § 82 (S. 223).

[69] Mittermaier, § 149 (Bd. 1 S. 296); J. A. Seuffert, Gerichtsordnung, S. 158; Loening, Verwaltungsrecht, S. 451.

[70] Von Schmädel, Baupolizeiverwaltung, §§ 283 ff, 569 ff.

[71] So Grundstücks- und Gebäudeabstandsvorschriften; von Schmädel, § 684 (S. 648); siehe außerdem § 727 (S. 674 f.).

[72] Ebd., § 540 (S. 517 f. – Herv. i. O.), § 543 (S. 522).

lende Sühneversuch, seien die Parteien auf den Rechtsweg zu verweisen[73]. – Die Anklänge an die Schutznormtheorie sind unüberhörbar!

c) Gewerbefreiheit gegen Lübisches Nachbarrecht

Der Abbau privater Berechtigungen durch die Publifizierung der Rechtsordnung und der aktive rechtspolitische Anteil, den zivilgerichtliche Gesetzesinterpretationskunst hieran nimmt[74], tritt für Preußen im Konflikt von Gewerbefreiheit und Lübischem Nachbarrecht exemplarisch zu Tage.

Art. 12 Tit. 12 Buch III des in einigen Landesteilen geltenden Lübischen Rechts machte für einige spezifizierte sowie weiter alle „dergleichen gefährliche unleidliche Handwerke" die Errichtung von Betriebsstätten von nachbarlicher Einwilligung abhängig. Die Gewerbetreibenden sahen sich hierdurch in ihrer durch die Edikte vom 27. Oktober und vom 2. November 1810 (Gewerbesteuer-Edikt)[75] proklamierten Gewerbefreiheit beeinträchtigt. Die Frage war nun, ob Art. 12 Tit. 12 Buch III Lübisches Recht durch das Gewerbesteuer-Edikt außer Kraft gesetzt war. Zwar schloß dieses Widerspruchsrechte von Korporationen und Einzelnen gegen einen Gewerbebetrieb aus (§ 17) und hob die ihm widersprechenden Gesetze auf (§ 31). Doch sollten weiterhin die Beschränkungen aus „allgemeinen Gesetzen" gelten (§ 18). Danach lag es nahe, als aufgehoben nur die Gesetze der eigentlichen ständischen Gewerbeverfassung anzusehen, nicht hierher gehörige „allgemeine" Bestimmungen und Rechte hingegen für weiter geltungskräftig zu erachten. In diesem Sinne gelangte 1826 ein durch Kabinetts-Ordres gebilligtes Gutachten des Preußischen Staatsrats[76] zu dem Ergebnis, daß das Lübische Nachbarrecht nicht derogiert worden sei. Gegenstand der Gewerberechtsreform seien „allgemeine polizeiliche Gewerbegegenstände" gewesen, „wodurch nicht Privatrechte getroffen werden können".

Auch das Preuß.Obertribunal behandelt zunächst Art. 12 Tit. 12 Buch III Lübisches Recht als fortgeltend[77], vollzieht aber 1840 eine Kehrtwendung[78]. Zentral ist dabei die Überlegung, daß die Anerkennung weitreichender nachbarlicher Zustimmungsvorbehalte sich nicht mit der vom Reformgesetzgeber beabsichtigten Freisetzung der Gewerbetätigkeit vertrage. Das Lübische

---

[73] Ebd., § 543 (S. 522.).

[74] Demgegenüber betont Ogorek (Actio negatoria, S. 52 f., 55 f., 59) zu einseitig die konservative, auf Rechtsverteidigung gerichtete Tendenz der Rechtsprechung.

[75] GS S. 25 und 79.

[76] Gutachten v. 9. 12. 1826 und 2 Kabinetts-Ordres v. 6. 3. 1827, auszugsweise wiedergegeben in Kamptz' Jahrbücher 56, 417, 419, 420.

[77] Urt. v. 22. 10. 1811, erwähnt in ObertribunalE 7, 170; ebenso Land-und Stadtgericht sowie OLG Cöslin in Kamptz' Jahrbücher 28, 265 ff. (v. 25. 10. 1824 u. v. 2. 5. 1825).

[78] Plenarbeschluß v. 19. 10. 1840, ObertribunalE 7, 170 (175 ff.).

Nachbarrecht wird für aufgehoben angesehen, weil es unter Zugrundelegung des gesetzgeberischen Gewerbeförderungsprogramms aufgehoben gehörte – das Gericht als Ergänzungs-Reformgesetzgeber. Zur rechtlichen Begründung dieses Ergebnisses wird den fraglichen Bestimmungen trotz einer gewissen Privatrechtsnähe grundsätzlich polizeilicher Charakter attestiert[79]. Dieser dient zur Widerlegung des Gegenarguments, das nachbarliche Widerspruchsrecht sei eine jedem Hauseigentümer zustehende Legalservitut, die das Gewerbesteuer-Edikt nicht habe aufheben wollen. Das Obertribunal repliziert[80]: „Weit eher erscheint die Bestimmung des Art. 12 als eine *polizeiliche*, auf das Beste der Stadtkommune überhaupt und der städtischen Grundbesitzer insbesondere abzweckende Vorschrift. Werden gleich durch dieselbe auch die *Privatrechte* der Einzelnen berührt: so haben diese Rechte doch immer den Charakter einer gesetzlichen Einschränkung des Gewerbebetriebs; eine solche aber will das Edikt vom 2. Nov. 1810 nicht länger gelten lassen."

Noch ein weiteres Mal muß das Obertribunal sich mit der Geltung des Lübischen Rechts befassen[81]. Das Gewerbesteuer-Edikt ist dieses Mal nicht anwendbar. Dafür kann das Gericht jetzt auf die Gewerbeordnung (GewO) von 1845[82] zurückgreifen. Diese bestimmt zwar nichts über einen Ausschluß von Verbietungsrechten Dritter, doch werden pauschal alle bisherigen Bestimmungen über die nunmehr in der GewO geregelten Gegenstände vorbehaltlich ausdrücklicher Bezugnahme außer Kraft gesetzt (§ 190). Hier anknüpfend entwickelt das Obertribunal die These, die GewO regele in ihren Bestimmungen über die materiellen Voraussetzungen für die Genehmigung von Gewerbeanlagen (keine erheblichen Nachteile, Gefahren oder Belästigungen für die Nachbarn) und die Behandlung nachbarlicher Einwendungen „gerade ... dieselben Gegenstände ..., worüber früher der Art. 12 Tit. 12 Buch III des Lübischen Rechts die besonderen Bestimmungen enthielt"[83]. Dem Einwand, daß es der GewO um besondere polizeiliche Rücksichten, dem Lübischen Nachbarrecht dagegen um den Schutz des Eigentumsrechts in Privatverhältnissen gehe, begegnet das Gericht mit dem Argument[84], erstens hätten diese Bestimmungen „ebenfalls einen polizeilichen Karakter" und zweitens unterlägen auch Eigentumsrechte gesetzgeberischer Disposition.

Resultat dieses souveränen Umgangs mit überkommenem privatnachbarrechtlichen Immissionsschutzrecht ist die „Objektivierung" des Interessenschutzes. An die Stelle individueller Abwehrrechte gegen gefährliche oder

---

79 Ebd., S. 182.

80 Ebd., S. 186 (Herv. i. O.).

81 Urt. v. 15. 5. 1851, E 21, 127.

82 GS S. 41.

83 S. 137.

84 S. 137 f. – Den (auch) privat-berechtigenden Charakter des Zustimmungs- oder Widerspruchsrechts des Art. 12 Tit. 12 Buch III stellt das Obertribunal nicht in Abrede (S. 132).

lästige Gewerbeanlagen tritt die behördliche Anlagenüberwachung. Der Amtsauftrag zur Zulassungsentscheidung je nach Einschätzung des Beeinträchtigungspotentials des Vorhabens ersetzt im Interesse gewerblicher Betätigungsfreiheit das nachbarliche Zustimmungsbelieben – obrigkeitliche *Fürsorge* statt individueller *Berechtigung*. Zugleich geht die Kompetenz zur Einschätzung künftiger Beeinträchtigungsrisiken (Prognosekompetenz) und zur rechtlichen Definition dessen, was noch und was nicht mehr hinzunehmende Beeinträchtigung ist, auf die Verwaltung über[85].

Trotz baldiger ministerieller Bestätigung dieser Rechtsprechung[86] halten die Meinungsverschiedenheiten über das privatnachbarrechtliche Widerspruchsrecht an. Als noch nach Inkrafttreten der GewO von 1869 das Oberappellationsgericht zu Berlin[87] auf die Fortgeltung des Art. 12 Tit. 12 Buch III erkennt, hebt zuletzt der Reichsgesetzgeber diese und die entsprechenden Bestimmungen des Rostocker Stadtrechts auf[88].

d) Abbau subjektiver Nachbarrechte bei Inkrafttreten des BGB

Eine nochmalige Ausdünnung des privatnachbarlichen Interessenschutzes gegenüber immissionswirksamen Grundstücksnutzungen bringt das BGB. Während die „im öffentlichen Interesse“ ergangenen landesgesetzlichen Beschränkungen der Herrschafts- und Nutzungsbefugnis des Eigentümers generell unberührt bleiben (Artt. 109, 111 EGBGB), haben die Grundeigentumsbeschränkungen zugunsten der Nachbarn Bestand nur, soweit sie das Eigentum „noch anderen als den im Bürgerlichen Gesetzbuche bestimmten Beschränkungen“ unterwerfen (Art. 124 EGBGB). § 906 BGB blockiert für den Bereich des nachbarlichen Immissionsschutzes nachbarfreundlicheres Landesrecht[89]. Dieses hat Fortbestand nur als „polizeiliches“ Recht, dessen Durchsetzung allein den Behörden obliegt. Ein weiteres Mal werden die Bauordnungsrechte von privatnachbarrechtlichen Bestimmungen, die teils ersatzlos entfallen, teils in Ausführungsgesetze zum BGB verlagert werden, gesäubert[90]. Das kommt besonders den nicht genehmigungsbedürftigen Gewerbeanlagen, die durch keine Präklusionswirkung behördlicher Genehmigungen abgeschirmt werden, zugute.

---

[85] Soweit nicht gesetzliche Normen das Maß der hinzunehmenden Gewerbeimmissionen festsetzen, ist ihre Bestimmung Gegenstand polizeilicher Entscheidung; Plathner, Privatrecht I, S. 37.

[86] Reskript v. 10. 2. 1852, VMBl. S. 51.

[87] OAG Berlin v. 2. 6. 1871, Seuff.Arch. 26 Nr. 12; ebenso Foerstemann, Polizeirecht, S. 339 Anm. 1.

[88] Gesetz v. 4. 11. 1874, RGBl. S. 128.

[89] Vgl. Staudinger, 2. Aufl., EGBGB (Wagner), Art. 124 Anm. 1 und 2 B; Protokolle III, S. 163 f.

[90] Z. B. das Württ. AusführungsG zum BGB v. 1899, RegBl. S. 423, Artt. 219-254.

§ 3: Präklusion privatnachbarrechtlicher Abwehransprüche durch behördliche Anlagengenehmigung

1. Eine privatnachbarrechtliche Gegenbewegung: die Ausbildung der Negatorienklage

Während objektiv- und vor allem subjektivrechtliche Hindernisse der Bodennutzung und Gewerbefreiheit hinweggeräumt werden, verschärft sich durch den Einsatz neuer Technologien und infolge neuer Organisationsformen der Güterproduktion die Immissionslage in den industriellen Ballungsgebieten dramatisch. Die Dampfkraft als Antriebsenergiequelle für Maschinen hat nicht nur verstärkte Verunreinigungen, Bodenerschütterungen und Lärm zur Folge. Sie ermöglicht die wasserunabhängige Anlage immer größerer Fabriken in unmittelbarer Nähe der Wohnquartiere[91]. Wenn, wie Rudolf von Ihering[92] treffend formuliert, das zu freier Nutzung befugende Grundeigentum „an seiner eignen Consequenz zu Grunde gehen" würde, wird der Standpunkt der industriellen Freiheit unhaltbar. Die Frage ist nur, in welcher rechtlichen Gestalt der unumgängliche Schutz vor den Folgen der modernen Industrieproduktion vonstatten gehen soll: durch einseitige staatliche Fürsorge, wie sie dem Preuß.Obertribunal bei der Beseitigung des Lübischen Nachbarrechts vorgeschwebt hat und auch von Otto von Sarwey[93] favorisiert wird; oder durch subjektivrechtlichen, d. h. gerichtlich von den Betroffenen selbst durchsetzbaren Schutz – so dezidiert von Ihering[94] –, dessen Abbau aber gerade seit der Wende zum 19. Jahrhundert wesentliches Reformdesiderat gewesen ist.

In dieser Situation kommt es zu einer scheinbar paradoxen Bewegung. Wissenschaft und Rechtspraxis entwickeln aus römischrechtlichen Quellen die neuzeitliche actio negatoria[95]. Über Voraussetzungen und Rechtsfolgen der Negatorienklage besteht allerdings vielfältige Unsicherheit. Je nach industriefreundlicher oder -kritischer Haltung reicht das Meinungsspektrum in den verschiedensten Überschneidungen von der Tatbestandsmäßigkeit nur grob-körperlicher Immissionen aus ungewöhnlicher Grundstücksnutzung über die Beachtlichkeit sämtlicher Schädigungen durch Immissionen bis hin zur Rechtserheblichkeit bloß belästigender Einwirkungen, die über das im

---

91 Dazu schon frühzeitig von Sarwey, Württ.Arch. 1 (1858), 135 ff.

92 JherJb. 6 (1863), 81 (94).

93 Württ.Arch. 1, 135 (144 ff.£).

94 JherJb. 6, 81 (101 f).

95 Dazu und zum folgenden eingehend Ogorek, Actio negatoria, S. 40 ff. – Für den Geltungsbereich des Preuß.ALR, wo das Römische Recht außer Kraft ist, entnimmt das Obertribunal den Grundeigentumsschutz vor schädlichen Immissionen dem für den Eigentumsgebrauch geltenden Vorbehalt der wohlerworbenen Rechte anderer (§ 26 I 8); Plenarbeschluß v. 7. 6. 1852, E 23, 252. Die anfängliche Beschränkung des Abwehrrechts auf körperliche Immissionen wird später aufgegeben (E 40, 36, v. 4. 1. 1859).

gewöhnlichen Leben Notwendige und Übliche hinausgehen[96]. Dabei gilt dem konservativen Schrifttum oft gewerbliche Nutzung per se als außergewöhnlich[97]. Verbreitet ist ein eingeschränkt privatrechtlicher Standpunkt, wonach gegen *körperliche* Immissionen die Negatorienklage eröffnet sein soll, die Abhilfe gegen *sonstige* Belästigungen hingegen reine Polizeiangelegenheit sei[98]. Je nach dem kann der Nachbar nur wegen eingetretener Eigentumsbeschädigungen durch Rauch und Ruß oder auch wegen sonstiger Belästigungen infolge von Lärm, Gerüchen, Hitzeentwicklung oder Erschütterungen klagen. – Auf der Rechtsfolgenseite ist zweifelhaft, ob die Negatorienklage nur auf Schadensersatz oder auch auf *Einstellung* der störenden Nutzung gerichtet sein kann. Das Schrifttum bejaht überwiegend die Möglichkeit der Unterlassungsklage[99]. In der Rechtspraxis dominieren die (erfolgreichen) Schadensersatzklagen. Gegenüber einem privatnachbarrechtlichen Schutz durch Stillegung gewerblicher Anlagen legen die Gerichte deutliche Zurückhaltung an den Tag[100], ohne ihn jedoch prinzipiell abzulehnen. Es finden sich auch einer (Teil-)Stillegungsklage stattgebende oder eine solche zumindest für möglich erklärende Judikate[101].

Obwohl das neue „allgemeine" Nachbarschutzrecht in einer Gegenbewegung zur Demontage spezieller Nachbarprivatrechte ausgebildet worden ist, gibt es den Immissionsbetroffenen keineswegs das wieder, was sie eingebüßt haben. Das macht der Vergleich etwa mit Art. 12 Tit. 12 Buch III Lübisches Recht deutlich. An die Stelle eines freien Zustimmungsverweigerungsrechts ist eine Abwehrklage aus Eigentum getreten, die zur maßgeblichen Entscheidungsinstanz den Zivilrichter erhebt. Gerade die vielfältigen Unsicherheiten über Voraussetzungen und Rechtsfolgen der actio negatoria geben diesem Rechtsinstitut in der Hand der Richter ein enormes Maß an Elastizität, die von Fall zu Fall einen differenzierten Ausgleich zwischen den Belangen von Emittent und Nachbar bei Wahrung des öffentlichen Interesses am industriellen Fortschritt erlaubt. Die richterliche Handhabung der Negatorienklage kennt unterschiedliche Wirksamkeitsgrade des Immissionsschutzes sowohl

---

96 Vgl. Spangenberg, AcP 9, 265 (268-271); Ch. A. Hesse, JherJb. 8, 82 (109 ff.); ders., Rechtsverhältnisse II, §§ 3 – 17, 19; Pagenstecher, Eigenthum I, S. 120 f.; Ihering, JherJb. 6, 81 (113 ff., 118 ff.., 121 ff.); Dernburg, Privatrecht, § 220 Anm. 22; Holzschuher, Civilrecht II, S. 80-83.

97 Spangenberg, S. 270; Pagenstecher, S. 121; Motive zu § 358 Sächs.BGB 1863, bei Siebenhaar/Siegmann, BGB, § 358.

98 Spangenberg, S. 271; Seuffert/Seuffert, Pandektenrecht, § 123 Anm. 6; Pagenstecher, S. 120.

99 Ogorek, Actio negatoria, S. 56.

100 Starke Betonung einer solchen Rechtsprechungstendenz bei Ogorek, S. 58 f.

101 AG/OAG Dresden v. 17. 12. 1843/11. 5. 1844, Seuff.Arch. 3 Nr. 8; OAG München v. 16. 4. 1861, Seuff.Arch. 14 Nr. 208 (S. 725); OAG Celle v. 22. 6. 1837, Seuff. Arch. 11 Nr. 14; OAG Lübeck v. 28. 6. 1856, Seuff.Arch. 11 Nr. 114; vgl. außerdem Gruchot in dessen Beiträgen 6, 90 (123).

nach Art und Intensität der Belästigung und des zur Abhilfe erforderlichen Aufwandes im Einzelfall[102] als auch je nach Art der emittierenden Anlage und des öffentlichen Interesses an ihr[103]. Wenn die actio negatoria die rechtsfrei gewordenen Räume privatrechtlich wieder auffüllt, so doch in einer Weise, die der Gewerbefreiheit wesentlich weitere Räume eröffnet und dem öffentlichen Interesse an Investitionen, Produktions- und Kommunikationseinrichtungen ein Gewicht einräumt, das ihm nach dem alten Recht nicht zukam.

2. Die öffentlichrechtliche Eingrenzung des verbleibenden Privatnachbarrechts: behördliche Anlagengenehmigung mit materieller Präklusionswirkung

a) Der Ausgangskonflikt

Obwohl das Privatnachbarrecht erheblich ausgelichtet worden ist und die Judikatur insgesamt auf die Belange von Handwerk und Industrie sehr wohl Rücksicht nimmt, stehen Unternehmerinteressen an einem Schutz investitionsintensiver Fabrikationsanlagen, teilweise parallel laufendes staatliches Interesse an einer florierenden gewerblichen Wirtschaft und privatrechtliche Positionen zum Schutz der individuellen Eigentums- und Persönlichkeitssphären in einem latenten Dauerkonflikt. Die Berechtigung des Nachbarn oder auch nur die Ungewißheit, wie das zuständige Gericht die actio negatoria handhaben wird, ist ein empfindlicher Unsicherheits- oder Kostenfaktor in der Unternehmenskalkulation[104]. Zur Bewältigung dieses Konflikts etablieren Gerichte und Gesetzgeber nach tastenden Anfängen im Recht der Wassermühlen ein System präventiver behördlicher Anlagenkontrolle, das zunächst nachbarliche Einwendungen einbezieht, mit dessen positivem Abschluß jedoch private Abwehransprüche resp. -klagen mehr oder minder präkludiert werden. Dabei geht es unmittelbar um die Abwägung von legitimen Investitionsinteressen der Unternehmer und Schutz nachbarlicher Rechtsgüter. Wie diese ausfällt, bestimmt aber mittelbar das öffentliche bzw. vom Staat defi-

---

[102] Ausdrücklich hebt das OAG Lübeck das weite richterliche Ermessen bei der Negatorienklage gegen Grundstücksimmissionen hervor und nennt als konkret abzuwägende Beurteilungsgesichtspunkte: (1) das Quantum des zugeführten Rauches, (2) die dadurch verursachte Belästigung, (3) die Leichtigkeit oder Schwierigkeit der Abhilfe „ohne erheblichen Nachtheil" für den Emittenten (Seuff.Arch. 9, Nr. 218, S. 652, v. 29. 10. 1840). Sehr einseitig zugunsten einer konzessionierten Fabrikanlage das OHG Mannheim, Urt. v. 10. 12. 1860, Seuff.Arch. 14 Nr. 113.

[103] Vor allem bei Nachbarklagen gegen Eisenbahnanlagen werden die Anspruchsvoraussetzungen strenger gefaßt oder/und der zulässige Anspruchsinhalt mehr oder minder reduziert – vgl. C. F. Koch, Landrecht, § 28 I 8 Anm. 35 H; Preuß.Obertribunal v. 8. 10. 1852, Striethorsts Arch. 7, 263; OHG Mannheim v. 20. 10. 1857, Seuff.Arch. 12 Nr. 124; W. Koch, Eisenbahnen I, § 64 (bes. S. 145 Anm. 4).

[104] Eindringlich Ch. A. Hesse, JherJb. 8, 82 (128).

nierte Interesse an der Vornahme eben dieser Investitionen. Folgerichtig zieht das Preußische Obertribunal[105] anläßlich der Frage nach Entschädigungsansprüchen der Anlieger einer privaten Eisenbahn die Parallele zur entschädigungspflichtigen Aufopferung privater Rechte im öffentlichen Interesse[106]. „Dulde und liquidiere" wird die Devise des Nachbarschutzes gegenüber den in einem besonderen staatlichen Zulassungsverfahren geprüften Gewerbe- und Verkehrsanlagen.

Die Technik der behördlichen Zulässigkeitsprüfung mit Einschränkungswirkung der Genehmigung für Rechtspositionen Dritter erweitert die einfache Konfliktkonstellation Bürger/Bürger zum Dreiecksverhältnis Bürger/Behörde/Bürger. Es kommt zu der für den öffentlichrechtlichen Drittschutz charakteristischen Verschiebung der Ebenen von materialem Interessenkonflikt und rechtlicher Konfliktregulierung. Am Ende dieser Entwicklung steht ein differenzierter Interessenkompromiß, der in einem *Zusammen-* (nicht: Gegeneinander-)Wirken von Privatrecht und öffentlichem Recht verwirklicht wird: Das Privatnachbarrecht zieht eine allgemeine Grenzlinie zwischen konfligierenden privaten Bodennutzungsinteressen und gibt den Betroffenen entsprechende subjektivrechtliche Korrekturmittel an die Hand. Das Verwaltungsrecht hingegen statuiert für bestimmte immissionsmäßig privilegierte Gewerbeanlagen ein von der Einhaltung eines staatlichen Prüfungs- und Zulassungsverfahrens abhängiges Ausnahmerecht, das die Fortführung des Anlagenbetriebs gegen finanzielle Entschädigung der Nachbarn für Einbußen an ihren Rechtsgütern und Rechten ermöglicht.

b) Die Entwicklung öffentlich-gewerberechtlicher Anlagengenehmigungsverfahren mit Präklusionswirkung für private Rechte Dritter

aa) Preußisches Recht

(1) Anfänge der materiellen Präklusion durch öffentlichrechtliche Genehmigung im Wassermühlenrecht

Zugleich mit der allgemeinen Mühlenfreiheit wurde in Preußen ein präventiv-polizeiliches Genehmigungsverfahren eingeführt, innerhalb dessen auch Nachbareinwendungen gegen das bekanntzumachende Vorhaben vorgebracht werden sollten[107]. Die obrigkeitliche Prüfung des Mühlenvorhabens beschränkte sich auf polizeiliche Belange (Edikt 1808 § III). Dritte, die durch

105 Preuß.Obertribunal v. 20. 10. 1851, E 21, 177 (182 f.).

106 Für Preußen maßgeblich das Gesetz über die Zulässigkeit des Rechtsweges in Beziehung auf polizeiliche Verfügungen v. 11. 5. 1842, GS S. 192.

107 Edikt v. 29. 3. 1808, Rabes Sammlung preuß. Gesetze und Verordnungen 9, S. 176; Edikt v. 28. 10. 1810, GS S. 95.

die beabsichtigte Mühlenanlage eine Gefährdung bei der Benutzung ihres Grundeigentums bzw. ihrer „Rechte" befürchteten, konnten innerhalb bestimmter präklusivischer Frist seit Bekanntmachung des Vorhabens Widerspruch einlegen (Edikt 1808 § V; Edikt 1810 § VII Abs. 1). Über die Folgen einer Fristversäumung oder die Wirkung einer gleichwohl erteilten Genehmigung traf einzig das auf einige Landesteile beschränkte Edikt von 1808 eine Bestimmung. Demzufolge durfte die neue Mühlenanlage nachträglich nicht mehr untersagt, „auch bei den Gerichten auf Unterlassung oder Einstellung des Baues keine Klage angenommen" werden. Der Mühlennachbar blieb auf Schadensersatzansprüche verwiesen (§ VI).

Da das Edikt von 1810 sich zu privaten Unterlassungs- und Stillegungsklagen ausschwieg, ging die Rechtsprechung anfangs davon aus, daß die Mühlengenehmigung private Rechte anderer Gewässerbenutzer generell unberührt lasse[108]. 1841 kommt die Wende. Auch unter dem Edikt von 1810 könne, so das Obertribunal[109], wer rechtzeitigen Widerspruch versäumt habe, später nicht mehr die Beseitigung der Anlagen verlangen. Der in die Genehmigung aufgenommene Vorbehalt „unbeschadet der Rechte eines Dritten" beziehe sich allein auf Entschädigungsansprüche. – In der Sache geht es dem Gericht um eine Eingrenzung der aus der Mühlenfreiheit resultierenden Nachteile und einen billigen Interessenausgleich. Das Genehmigungsverfahren soll der im Zuge der Reformgesetzgebung eingetretenen Unsicherheit wehren, wozu die Genehmigung die Wirkung eines „absoluten Schutzes" haben müsse[110]. Gegenüber Dritten, die Einwendungen unterlassen hätten, sei der Bestand gutgläubig geschaffener Mühlenanlagen schutzwürdig[111]. Juristisch beruft sich das Gericht auf die Regelung des Edikts von 1808. Diese faßt es, und hier wird ein bemerkenswerter Anschauungswandel offenbar, nicht mehr als Ausnahme auf, sondern es stellt die materielle Präklusion von Nachbarrechten durch Genehmigungsverfahren als Ausprägung eines allgemeinen aufopferungsrechtlichen *Grundsatzes* dar[112].

Daß die erhöhte Stabilisierungswirkung gewerblicher Anlagengenehmigungen durch Präklusion privatnachbarrechtlicher Stillegungs- und Beseitigungsansprüche gerade im Wassermühlenwesen frühzeitig etabliert wird, ist kein Zufall. Wechselseitige Abhängigkeiten und Rücksichtnahmebedürfnisse sind

---

108 Nach von Rönne, Gewerbe-Polizei II, S. 58 f.

109 Plenarbeschluß v. 24. 6. 1841, E 7, 188 (194).

110 Ebd., S. 195.

111 Ebd., S. 198 f.

112 Das Obertribunal verweist auf S. 189 Anm. 1 auf anläßlich der geplanten Revision des ALR gemachte Ausführungen zur „Harmonie" zwischen der materiellen Präklusionsregelung des Mühlen-Edikts von 1808 und den allgemeinen Grundsätzen über den Ausschluß der Klage gegen Polizeiverfügungen bei fortbestehenden Schadensersatzansprüchen (insb. § 40 der Verordnung v. 26. 12. 1808, Rabes Sammlung 9, S. 482). Zu weiteren zwischenzeitlich ergangenen Präklusionsregelungen sogleich.

bei den auf ein fließendes Gewässer angewiesenen Mühlenbetrieben besonders stark ausgeprägt, weshalb auch das Vorhaben einer Wassermühle durch Anschlag an den Kirchentüren sowie in der Presse bekanntzumachen war, während bei anderen Mühlen die Information der unmittelbaren Angrenzer genügte (Edikt 1810 § 6). Die Beseitigung des strikten staatlichen Wassermühlenregimes und des gerade hier sehr dichten Geflechtes privater Berechtigungen und Verpflichtungen durfte nicht Regelungslücken eröffnen, die die Funktionsfähigkeit des Mühlenwesens - bis zur Verbreitung der Dampfmaschine Hauptlieferant gewerblich genutzter Antriebsenergie - in Frage stellten. Deshalb wird im gewerblichen Wasserrecht mehr als anderswo an alten Rechten festgehalten und sucht man nach Mechanismen eines Interessenausgleichs der Mühlennachbarn in besonderen Zulassungsverfahren[113].

(2) Sonstiges gewerbliches Anlagengenehmigungsrecht bis 1845

Nach französischem Vorbild sieht das Ressort-Reglement für die Preuß. Rheinprovinzen von 1818[114] allgemein die Möglichkeit nachbarlicher Einsprüche gegen die Anlegung von Manufakturen und Werkstätten wegen befürchteter Geruchsimmissionen vor (§ 2 Nr. 5). Gegen die behördliche Entscheidung ist der Rechtsweg ausgeschlossen (vgl. § 19)[115]. Das Modell der Verfahrensbeteiligung Dritter bei materieller Präklusionswirkung der behördlichen Zulassungsentscheidung wird 1831 gesamt-preußisch in das Genehmigungsverfahren für Dampfmaschinen übernommen[116]. Nach Feststellung der polizeilichen Zulässigkeit und öffentlicher Bekanntmachung des Vorhabens können Dritte, die sich durch die Anlage in ihren (Privat-)*Rechten* beeinträchtigt glauben, binnen vier Wochen Einwendungen erheben. Über diese entscheidet die Polizeibehörde, gegen deren Verfügungen allein der Administrativ-Rekurs stattfindet (Instruktion § 14). Mit dem Ausschluß des Gerichtsweges sind alle subjektiven Rechte gegen die Anlage ausgeschlossen. – Das die Zulassung von Dampfkesselanlagen neu regelnde Regulativ von 1838[117] sieht ebenfalls die präklusivische Einwendungsfrist für jeden, der sich durch die beabsichtigte Anlage „in seinen Rechten beeinträchtigt" glaubt (§ 16), vor. Neue Unsicher-

---

113 Musterbeispiel ist die letztverbindliche Regelung der zulässigen Höchst- und Niederstwasserstände durch Verwaltungsverfahren nach dem Vorfluth-Edikt von 1811 (GS S. 352), das auch ein Antragsrecht von „Interessenten" auf Einschreiten der Polizeibehörde gegen eine unzulässige Wasseraufstauung vorsieht (§ 9).

114 Sammlung der in den Rheinprovinzen ergangenen Gesetze etc. I S. 504; außerdem bei Oppenhoff, Ressort-Verhältnisse, S. 214 ff.

115 Vgl. dazu Foerstemann, Polizeirecht, S. 336 f.; Oppenhoff, S. 231 Anm. 69 f., dem zufolge vertragliche Abwehransprüche und Schadensersatzansprüche unberührt bleiben. – Mit der GewO von 1845 entfällt diese Regelung.

116 Kabinettsordre v. 1. 1. 1831, GS S. 243, und Instruktion v. 13. 10. 1831, GS S. 244.

117 GS S. 262.

heit für den Anlagenbetreiber bringt jedoch der Fortfall der Bestimmung über den Ausschluß des Rechtsweges. Eindeutig ist nur, daß die behördliche Zulassungsentscheidung nicht wegen *polizeilicher* Unzulässigkeit der Anlage angegriffen werden kann. Das Schicksal *privater* Abwehr*rechte* bleibt unklar.

Nach Auffassung des Rheinischen Appellationsgerichtshofs[118] fehlt allerdings den ordentlichen Gerichten die *Kompetenz*, die Beseitigung einer verwaltungsbehördlich konzessionierten Dampfmaschine oder eine Beschränkung ihres Gebrauchs „aus allgemeinen polizeilichen oder technischen Gründen zu verordnen“. Im übrigen könne der Nachbar auch aus privatrechtlichen Gründen auf Untersagung des Gebrauchs der Dampfmaschine nur dann klagen, wenn die Störung das mit ihrem Gebrauch notwendig verbundene Maß überschreite.

(3) Die Gewerbeordnung von 1845

Die GewO vom Januar 1845[119] führt ein polizeiliches Zulassungsverfahren für bestimmte gefährliche Gewerbeanlagen ein. Den spezifizierten Anlagen (§ 27) wird ohne weiteres die Genehmigung verweigert, wenn sie „nach dem Ermessen der Regierung mit so erheblichen Nachtheilen, Gefahren oder Belästigungen für die Nachbarn oder für das Publikum überhaupt verbunden“ sind, daß ihre Unzulässigkeit evident ist (§ 29 Abs. 1). Andernfalls werden sie mit der Aufforderung bekanntgemacht, Einwendungen binnen vier Wochen anzumelden (§ 29 Abs. 2). Für alle Einwendungen „nicht privatrechtlicher Natur“ ist die Einwendungsfrist präklusivisch (§ 29 Abs. 3). Die privatrechtlichen Einwendungen werden zur richterlichen Entscheidung verwiesen, ohne daß von ihrer Erledigung die weitere Verhandlung über die polizeiliche Anlagengenehmigung abhängig gemacht wird (§ 31 Abs. 1). „Andere“ Einwendungen sind von der Polizeibehörde zu erörtern (§ 31 Abs. 2). Über den Antrag des Unternehmers entscheidet die Regierung mit Rücksicht auf die polizeilichen Bestimmungen und „die auf angebliche Nachtheile, Gefahren oder Belästigungen gegründeten Einwendungen“ (§ 32). Gegen die Entscheidung steht dem Unternehmer und den Widersprechenden der Administrativ-Rekurs offen (§ 33 Abs. 1). Der Rechtsweg findet nicht statt[120]. Eine auf polizeiliche Vorschriften oder „Rücksichten“ gestützte Nachbarklage gegen die Erteilung der Anlagengenehmigung ist unzulässig, die Entscheidung der Genehmigungsbehörde „völlig diskretionär“[121]. Die *privat*rechtlichen Einwendungen können zur Stillegung der Anlage durch das ordentliche Gericht führen[122].

---

118 Rhein.AGH v. 1. 7. 1846, Rhein.Arch. 40, 241 (Leitsatz 1 u. 3, S. 248 f.).

119 GS S. 41.

120 §§ 1, 2 RechtswegG v. 11. 5. 1842, GS S. 192.

121 Von Rönne, Gewerbe-Polizei II, S. 37.

Verglichen mit der bisherigen Zulassungsregelung für Wassermühlen und Dampfmaschinen ist die nach der neuen GewO eintretende Stabilisierung durch Anlagengenehmigung entscheidend reduziert[123]. Die Genehmigung beschränkt sich, wie ein Ministerialreskript[124] ausführt, auf die Erklärung, daß „im landespolizeilichen Interesse kein Bedenken" gegen die Anlage besteht, und läßt das Rechtsverhältnis zwischen Unternehmer und Widersprechenden „völlig unberührt". Damit erlangt das Vorliegen einer Einwendung *„privatrechtlicher* Natur" zentrale Bedeutung. Vor allem: Ist der auf das allgemeine Eigentumsrecht gegründete Anspruch auf Immissionsfreiheit oder das zugrunde liegende Eigentum selbst ein unberührt bleibendes Privatrecht? Zunächst herrscht eine industriefreundliche Auffassung vor. Das erwähnte Reskript von 1847[125] nennt als Beispiele unberührt bleibender Privatrechte allein solche aus Verträgen und spezialgesetzlichen Bestimmungen. Das Obertribunal qualifiziert 1851 nur die auf „besonderem Rechtstitel" beruhende Einwendung als privatrechtliche, welche Eigenschaft dem allgemeinen Eigentumsrecht abgehe[126]. Ebenso 1858 der Dritte Senat des Rheinischen Appellationsgerichtshofs zu Köln[127], der darauf hinweist, daß die fraglichen Eigentumsstörungen durch den Gewerbebetrieb auch Gegenstand der polizeilichen Überprüfung des Vorhabens auf die Verursachung erheblicher Nachteile, Gefahren oder Belästigungen für die Nachbarn hin seien. Die bei Zulassung der Eigentumsfreiheitsklage mögliche gegensätzliche Beurteilung der Immission durch Genehmigungsbehörde und Ziviljustiz dünkt dem Gericht als „diametrales Entgegenwirken coordinierter Gewalten" prinzipienwidrig.

Diese Rechtsprechung hat nur kurzen Bestand. Schon 1859 läßt ein anderer Senat des Rheinischen Appellationsgerichtshofs[128] eine auf das Grundeigentum gestützte Nachbarklage wegen Aschenimmissionen, gerichtet auf Schutzvorkehrungen und ggf. Stillegung eines Fabrikkamins, zu. Im gewerberechtlichen Schrifttum setzt sich die Auffassung durch, die auf den „allgemeinen Grundsatz der Ausschließlichkeit und Unverletzlichkeit des Eigenthums" gegründeten Einwendungen seien privatrechtlicher Natur[129]. 1864 anerkennt

---

122 Ministerialreskript v. 16. 2. 1847, MBl. 1849, 229.

123 Deshalb ist auch strittig, ob die GewO 1845 die schärferen Präklusionsvorschriften des älteren Mühlenrechts aufhebt – bejahend Obertribunal v. 15. 11. 1864, E 53, 146 (150-154); Oppenhoff, Ressort-Verhältnisse, S. 453 Anm. 34; verneinend Foerstemann, Polizeirecht, S. 338 Anm. 1.

124 v. 16. 2. 1847, MBl. 1849, 229; siehe außerdem Reskript v. 26. 1. 1853, MBl. 1853, 53.

125 MBl. 1849, 229; ähnlich Obertribunal v. 7. 6. 1852, E 23, 252 (266).

126 v. 15. 5. 1851, E 21, 127 (138); siehe außerdem OAG München v. 9. 3. 1852, Blätter für Rechtsanwendung 17, 269.

127 v. 14. 4. 1858, Rhein.Arch. 54, 10 (13).

128 Rhein.AGH v. 5. 5. 1859, Rhein.Arch. 55, 19 (23).

129 Oppenhoff, Ressort-Verhältnisse, S.452. Anm. 28; Scheele, Wasserrecht, S. 75; Foerstemann, Polizeirecht, S. 339.

schließlich das Obertribunal[130] als privatrechtliche Einwendungen alle, die „auf allgemeine oder besondere Gesetze gegründet werden, überhaupt solche, die darauf beruhen, daß durch die beabsichtigte Anlage ein Eingriff in die dem Widersprechenden zustehenden Privatrechte geschähe". Daß die privatrechtlich geschützten Belange sich mit dem verfahrensgegenständlichen öffentlichen Interesse deckten, sei auf die Zulässigkeit des Rechtsweges ohne Einfluß[131].

bb) Sächsisches Recht

In Sachsen führt erst das Gewerbegesetz (GewG) von 1861[132] unter Aufhebung der gewerblichen Verbietungsrechte Privater die allgemeine Gewerbefreiheit ein (§§ 3, 43). Bis dahin konnten private Verbietungsrechte im Konzessionierungsverfahren vorgebracht[133] und ggf. gerichtlich durchgesetzt werden. Das GewG regelt das Genehmigungsverfahren für bestimmte Gewerbeanlagen in enger Anlehnung an die Preuß. GewO 1845, geht in der Gestaltungswirkung der Anlagengenehmigung zu Lasten privater Rechte Dritter jedoch wesentlich über das Vorbild hinaus. Das Vorhaben darf weder den besonderen öffentlichrechtlichen Vorschriften widersprechen, noch „sonst mit Gefahren für Gesundheit oder Leben oder anderen aus sicherheits- und wohlfahrtspolizeilichen Gründen nicht zu duldenen Nachtheilen für die Umgebung oder für die zu beschäftigenden Arbeiter" verbunden sein (§ 25). Das nicht offensichtlich unzulässige Vorhaben ist im Amtsblatt bekanntzumachen und jedermann zur Geltendmachung von Einwendungen innerhalb vierwöchiger Präklusionsfrist aufzufordern (§ 26). Gegen die behördliche Entscheidung steht dem Unternehmer und Dritten ausschließlich der Administrativ-Rekurs zu (§§ 27, 25). Gegen die *genehmigte* Anlage kann gerichtlich „wegen Belästigung oder beeinträchtigter Nutzbarkeit fremden Eigenthums nicht mehr auf Änderung oder Beseitigung", sondern nur auf Entschädigung erkannt werden (§ 30). Unberührt bleiben allein Abwehrrechte, die auf „Privatrechtstiteln" beruhen[134].

Die rigorose Ausschließungsregelung des sächsischen GewG ist industriefreundliche Reaktion auf den Ausbau der Negatorienklage durch Wissenschaft und Judikatur. Der innere Zusammenhang geht aber noch weiter. Denn

---

130 v. 15. 11. 1864, E 53, 146 (155 f.).

131 Unverständlich deshalb die Bemerkung Dernburgs, Privatrecht I, § 220 Anm. 19, schon nach vor der GewO 1869 geübter Praxis der preußischen Gerichte habe es keine Privatklage auf Einstellung des Betriebs genehmigter Anlagen gegeben.

132 GVBl. S. 187.

133 Vgl. noch die Verordnung v. 6. 2. 1857 (GVBl. S. 52) §§ 2-4, 7, zur Mühlenkonzessionierung. – Die die Zulassung von Anlagen zur Herstellung gefährlicher Stoffe regelnde Verordnung v. 12. 12. 1856 (GVBl. S. 416) trifft über eine Auswirkung der Anlagengenehmigung auf Rechte Dritter keine Bestimmung.

134 AusführungsV zum GewG v. 1861 (GVBl. S. 225) § 31.

die scharfe Präklusionswirkung der Anlagengenehmigung erlaubt es erst, den prinzipiellen Anspruch des Grundeigentümers auf Freiheit von ungewöhnlicher Immissionsbelastung anzuerkennen. Das „weite“ Grundeigentumsrecht des sächsischen BGB von 1863/65 kann unter den obwaltenden Verhältnissen überhaupt nur *zusammen* mit den materiellen Präklusionsbestimmungen des GewG – beide Entwürfe werden zeitgleich vorgelegt[135] – statuiert werden[136]. Der Ausnahmevorbehalt für „besondere Gesetze aus Rücksichten auf das allgemeine Beste“, unter den § 358 Sächs. BGB das allgemeine Verbot der Eigentumsstörung durch Immissionen stellt, wird durch das rechtsausschließende Verfahren der Anlagengenehmigung konkretisiert[137].

cc) Zur öffentlich-gewerberechtlichen Anlagengenehmigung in anderen Staaten

In den anderen Staaten ist die Sicherheit gewerblicher Anlagen vor privatnachbarrechtlichen Klagen prekär. Entscheidend ist die vernünftige Handhabung der Negatorienklage durch die Gerichte. Die Gewerbegesetze sehen durchweg die Ausschließung nur der nicht-privatrechtlichen Einwendungen vor[138]. Das Braunschweigische GewG von 1864[139] bestimmt sogar ausdrücklich, daß hinsichtlich der „allgemeinen Rechtsgrundsätze“ wegen Belästigung oder beeinträchtigter Nutzbarkeit fremden Eigentums der Unternehmer „alternativ zur Änderung, bzw. Beseitigung der Anlage (!), oder Zahlung einer bestimmten Entschädigung verurtheilt werden“ kann (§ 35 Abs. 1). Andere Regelungen sind, soweit vorhanden, zumindest dunkel.

Für Württemberg ergeht unter dem Eindruck von Industrialisierungsfolgen, die mit den Mitteln des gemeinen Rechts und des überkommenen Polizeirechts nicht mehr zu bewältigen sind[140], 1854 eine Ministerialverfügung über das Verfahren der Erteilung gewerblicher Konzessionen [141]: Errichtung und Veränderung bestimmter Gewerbeanlagen, die für Anwohner oder das Publikum überhaupt erhebliche Nachteile oder Belästigungen herbeiführen können, sind genehmigungsbedürftig (§ 1 Nr. 6, § 2). Nicht offensichtlich unzulässige Vorhaben werden mit der Aufforderung zur Erhebung von Einwendungen binnen 15 Tagen öffentlich bekanntgemacht (§ 4), privatrechtliche Einwendungen zur richterlichen Entscheidung verwiesen (§ 6 Abs. 2). Gegen das

135 Dazu die Motive zu § 358 BGB, bei Siebenhaar/Siegmann, BGB, § 358 (Bd. 1 S. 208).

136 Diese „Dialektik“ von Negatorienklage und Ausschließungswirkung der Anlagengenehmigung kommt bei Ogorek (Actio negatoria, S. 54) zu kurz.

137 Vgl. Siebenhaar/Siegmann, S. 309 unten.

138 Z. B. das GewerbeG für Oldenburg v. 1861 (GBl. S. 723), Art. 23 § 1.

139 GV-Sammlung S. 145.

140 Dazu eingehend von Sarwey, Württ.Arch. 1, 135 ff.

141 RegBl. S. 87.

Konzessionsdekret steht Antragsteller und Einwendern, „welche nur wegen angeblicher bedrohter Interessen Einsprache erhoben haben“, der Administrativ-Rekurs zu. Einwender, die sich auf die Verletzung eines „ihnen zustehenden Rechtsanspruchs“ stützen, werden auf das Rekursverfahren nach der GewO von 1836 verwiesen (§ 8 Abs. 1). Eindeutig an dieser Regelung ist nur der Ausschluß nicht fristgemäß geltend gemachter nicht-privatrechtlicher Einsprachen. Privatrechtliche Einwendungen werden durch die Verweisung auf das Rekursverfahren nach der GewO von 1836 nicht erfaßt. Da zudem als privatrechtliche Einwendungen nicht nur solche aus *besonderen* Privatrechtstiteln gelten, ist die Rechtsposition des konzessionierten Anlagenbetreibers denkbar unsicher. Hinzu kommt die württembergische Besonderheit einer quasi-verwaltungsgerichtlichen Klage wegen Verletzung öffentlichrechtlich geschützter Interessen durch den Rekurs an den Geheimen Rat[142]. Die Fähigkeit betroffener Dritter, die Anlagengenehmigung im Wege der Rechtsbeschwerde wegen Verletzung in einem „auf Gesetze ... gegründeten öffentlichen (!) Rechte“[143] zu Fall zu bringen, verunsichert die Position des konzessionierten Unternehmers in einem beispiellosen Ausmaß[144]. Weder die Regelung des Genehmigungsverfahrens für Dampfkesselanlagen von 1857[145] noch die GewO von 1862[146] schafft hier Abhilfe.

dd) Die Gewerbeordnung für den Norddeutschen Bund von 1869 (Reichsgewerbeordnung)

Das Konzessionierungsverfahren der GewO für den Norddeutschen Bund von 1869 folgt dem Vorbild der preußischen und sächsischen Gewerbegesetzgebung. Der Entwurf sieht eine Präklusionswirkung bei Versäumung der Einwendungsfrist nur für nicht-privatrechtliche Einwendungen vor (§ 18 Abs. 2). Privatrechtliche Einwendungen sollen zur richterlichen Entscheidung verwiesen, andere Einwendungen dagegen vollständig erörtert werden (§ 20). Über eine Ausschließungswirkung der Genehmigung zu Lasten privater Abwehrrechte ist im Entwurf nichts bestimmt. Hier bringen die parlamentarischen Beratungen eine einschneidende Änderung. Die Präklusionswirkung der Fristversäumung wird auf alle Einwendungen, welche „nicht auf privatrechtlichen Titeln“ beruhen, erstreckt (§ 17 Abs. 2), die Verweisung zur richterlichen Entscheidung auf Einwendungen aus „besonderen privatrechtlichen Titeln“ beschränkt (§ 19 Abs. 1) und für die Wirksamkeit der Anlagengenehmigung bestimmt, daß aufgrund bestehender Rechte zur Immissionsabwehr

---

[142] Dazu nachfolgend § 4.

[143] Verfügung des Geheimen Rats v. 3. 5. 1837, RegBl. S. 264 und bei Goez, Verwaltungsrechtspflege, S. 209 f.

[144] Vgl. von Sarwey, Württ.Arch. 1, 135 (150).

[145] RegBl. S. 9.

[146] RegBl. S. 67.

gegenüber einer Gewerbeanlage, die mit obrigkeitlicher Genehmigung errichtet wurde, „niemals auf Einstellung des Gewerbebetriebes“ geklagt werden kann (§ 26).

Was bedeutet die Beeinträchtigung von Privatnachbarrechten, gleich welcher Art, für die Zulässigkeit der Anlage? Darf die Polizeibehörde eine Anlage, deren Betrieb privatrechtlich geschützte Interessen beeinträchtigen wird, mit der Konsequenz der Ausschließung des Anspruchs auf Stillegung oder Beseitigung der Anlage genehmigen? – Nach der Konzeption des Gesetzgebers darf sie. Die öffentlich-gewerberechtliche Zulässigkeit oder Unzulässigkeit der Anlage ist allein eine Frage der für die Nachbarn oder das Publikum zu besorgenden „erheblichen Nachteile, Gefahren oder Belästigungen“. Der Ausschließungswirkung für private Abwehransprüche entspricht keine Verpflichtung der Genehmigungsbehörde, das Vorliegen solchermaßen geschützter Privatrechtspositionen zu berücksichtigen. Das Einwendungsverfahren soll, wie der Blick auf das ohne ein solches auskommende Verfahren für Dampfkessel (§ 24) zeigt[147], die geringe Normierungsdichte zur Beurteilung von Gewerbeanlagen dadurch kompensieren, daß die Genehmigungsbehörden mit den beeinträchtigten Belangen durch die Betroffenen bekanntgemacht werden. Mögen diese Belange auch privatrechtlich geschützt sein, so interessieren sie im Genehmigungsverfahren doch nur aus *polizeilicher Perspektive*[148]. Das Verfahren ist darauf angelegt, gemein- oder partikularrechtliche Hindernisse eines rentablen Anlagenbetriebs, die außergewerbepolizeilichen Interessen dienten, aus dem Weg zu räumen[149]. Private sind nurmehr geschützt, soweit ihr Interesse mit dem öffentlichen Interesse, wie der Bay.VGH[150] es ausdrückt, „unzertrennlich konkurrierend“ ist. Im übrigen hat das Interesse des Unternehmers an ungehinderter Benutzung der genehmigten Anlage Vorrang, weil und soweit es sich mit dem *öffentlichen* Industrialisierungsinteresse deckt[151].

Zwar muß die Anlagengenehmigung auch bei erheblichen Nachteilen, Gefahren oder Belästigungen nur für die unmittelbare Nachbarschaft versagt

---

[147] Die Motive begründen die Sonderregelung für Dampfkessel mit dem Vorhandensein hinreichender Schutzvorkehrungen, die auch den Bedürfnissen der Nachbarn Rechnung trügen (Arch. d. Norddt. Bundes 3, 62). Gemeint sind die detaillierten sicherheitstechnischen Vorschriften.

[148] Vgl. Bay.VGH v. 14. 12. 1880, E 2, 295 (298, 299); Schecher, Gewerbepolizeirecht, S. 80 Anm. 10; Gallenkamp, Sächs.Arch. 1, 705 (719-721).

[149] Redebeitrag des Antragstellers Bähr in: Arch. d. Norddt. Bundes 3, 64 f.

[150] Bay.VGH v. 14. 12. 1880, E 2, 295 (299).

[151] Demselben Prinzip folgt § 43 des Preuß.FischereiG v. 1874 (GS S. 197): „Es ist verboten, in die Gewässer aus landwirtschaftlichen oder gewerblichen Betrieben Stoffe von solcher Beschaffenheit und in solchen Mengen einzuwerfen, einzuleiten oder einfließen zu lassen, daß dadurch fremde Fischereirechte geschädigt werden können. Bei überwiegendem Interesse der Landwirtschaft oder der Industrie kann das Einwerfen oder Einleiten solcher Stoffe in die Gewässer von der Regierung gestattet werden . . .“. Siehe außerdem § 50 Abs. 2 des Preuß.WasserG v. 1913.

werden[152]. Insofern liegt der Schutz der Anwohner im polizeilichen Interesse. Doch ist nach bei Inkrafttreten der GewO vorherrschendem Verständnis die Feststellung dieser Versagungsgründe Gegenstand polizeilichen „Ermessens“. Innerhalb eines gewissen Rahmens bleibt der Behörde ein gerichtlich nicht überprüfbarer Entscheidungsspielraum, der auch die Möglichkeit von Interessenabwägungen einschließt[153].

In den Genuß der Präklusion privatrechtlicher Stillegungs- und Beseitigungsansprüche können nur die nach § 16 GewO genehmigungsbedürftigen Anlagen kommen. Der Nutzbarkeitsschutz sonstiger Gewerbeanlagen hängt von der Ausbildung des allgemeinen privatnachbarrechtlichen Immissionsschutzes ab. Hier reagiert, wie schon erwähnt, der Reichsgesetzgeber auf ein Urteil des Oberappellationsgerichts Berlin[154], das die nachbarlichen Zustimmungsrechte gegenüber einer nicht genehmigungsbedürftigen Gewerbeanlage für fortgeltend erklärt, mit der Aufhebung der Artt. 11 und 12 Tit. 12 Buch III Lübisches Recht und der gleichartigen Artt. 14 und 16 Tit. 12 Teil 3 des Rostocker Stadtrechts[155]. Schließlich entfaltet § 906 BGB i.V.m. Art. 124 EGBGB eine allgemeine Sperrwirkung gegenüber weitergehenden Immissionsschutzbestimmungen des Landesnachbarrechts[156].

§ 4: Die württembergische Sonderentwicklung: erste Ausbildung und Demontage einer öffentlichrechtlichen Nachbarklage

1. Die Zulassung der öffentlichrechtlichen Nachbarklage durch den Geheimen Rat

Anders als in den übrigen deutschen Staaten hat sich im Königreich Württemberg auf der Grundlage der Verfassungsurkunde von 1819[157] eine Spruchpraxis des als oberste Rekursbehörde fungierenden Geheimen Rats ausgebil-

[152] Vgl. von Schicker, Gewerbeordnung, § 16 Anm. 4, § 18 Anm. 2 u. 4, § 19 Anm. 4; von Bernewitz, Reichs-Gewerbeordnung, § 17 Anm. 5.

[153] Bay.VGH v. 14. 12. 1880, E 2, 295 (299); Landmann/Rohmer, Gewerbeordnung, 3. Aufl., § 18 Anm. 5; Nelken, Gewerberecht I, S. 333; von Schicker, Gewerbeordnung, § 19 Anm. 4 a. E., § 20 Anm. 1 (S. 70); von Bernewitz, § 17 Anm. 5.

[154] v. 2. 6. 1871, Seuff.Arch. 26 Nr. 12.

[155] Gesetz v. 4. 11. 1874, RGBl. S. 128.

[156] Siehe oben § 2, 2. d).

[157] Verfassungsurkunde § 36: „Jeder hat das Recht, über gesetz- und ordnungswidriges Verfahren einer Staatsbehörde ... bei der unmittelbar vorgesetzten Stelle schriftliche Beschwerde zu erheben und nöthigenfalls stufenweise bis zur höchsten Behörde zu verfolgen“. § 60: „Als entscheidende und verfügende Behörde wirkt der Geheime Rat 1. bei den Recursen von Verfügungen der Departements-Minister, wobei jedesmal die Vorstände des Ober-Tribunals zuzuziehen sind; ...“. – Wesentliche Punkte des Rekursverfahrens regelt das Gesetz betreffend die Rechtsmittel in Verwaltungs-Justizsachen von 1855, RegBl. S. 291.

det, die alle Merkmale unabhängiger Verwaltungsrechtsprechung aufweist[158]. Zugelassen werden Rechtsbeschwerden, die eine Verletzung in einem „auf Gesetz oder auf einem besonderen Titel gegründeten öffentlichen Rechte" geltend machen[159].

Die für das damalige Rechtsdenken äußerst problematische Frage, wie eine an die Behörde oder den Genehmigungsempfänger adressierte Verwaltungsrechtsnorm einen Nachbarn soll berechtigen können, scheint den Geheimen Rat wenig angefochten zu haben. Den durch die Übertretung eines Polizeigesetzes in seinem Interesse Beeinträchtigten hält er ohne weiteres für in seinen Rechten verletzt und deshalb befugt, den Schutz der Verwaltungsjustiz zu verlangen [160]. Eine dogmatisch schlüssige Konzeption subjektiver öffentlicher Rechte entwickelt er nicht. Zwar entnimmt von Sarwey[161] seiner Spruchpraxis den Grundsatz, jede Beschwerde materiell zu prüfen und zu entscheiden, in welcher „der Beschwerdeführer behauptet, daß er durch die Verfügung eines Ministeriums in einem ihm zustehenden Rechte verletzt sei und in welcher ein Urteil hierüber nach den Normen des öffentlichen Rechtes verlangt wird", wohingegen bei Behauptung einer bloßen Interessenverletzung die Rechtsbeschwerde a limine zurückgewiesen werde. Doch ist das ein in dieser Prägnanz erst durch von Sarwey selbst gewonnener Extrakt, der eher von den rechtspolitischen Ambitionen des Beobachters zeugt, als daß er ein getreues Bild von der Rechtsprechung des Geheimen Rats vermittelte. Diese ist zumindest schwankend[162] und gelangt nie zu Klarheit darüber, was geschützt wird: Rechte oder bloße Interessen?[163].

Bis zur Mitte des 19. Jahrhunderts hat sich die Praxis einer Einsprachebefugnis von Nachbarn gegen stark immittierende Gewerbebetriebe etabliert[164]. Wiederholt hebt der Geheime Rat auf Rechtsbeschwerden Dritter hin Gewerbeerlaubnisse wegen gesundheits*polizeilicher* Bedenken auf[165]. Ebenso sind Einsprache und Rechtsbeschwerde wegen der Genehmigung polizeigesetzwidriger Bauvorhaben möglich, vorausgesetzt die Behörde hatte kein Ermessen und die verletzte Bestimmung besaß Gesetzesqualität[166]. Das ist die Situa-

---

158 Dazu eingehend von Sarwey, Württ.Arch. 14, 185 ff.; ders., Verwaltungsrechtspflege, S. 257-260; Linder, Geheimer Rat, S. 66 ff.; Poppitz, AöR 72, 194-201.

159 Verfügung des Geheimen Rats v. 3. 5. 1837, RegBl. S. 264, außerdem bei Goez, Verwaltungsrechtspflege, S. 209 f.

160 Linder, Geheimer Rat, S. 71.

161 Von Sarwey, Württ.Arch. 14, 185 (190 f.); ders., Verwaltungsrechtspflege, S. 258 f.

162 Von Sarwey, Württ.Arch. 15, 1 (43 Anm. 53).

163 Siehe auch Linder, S. 70.

164 Nachweise zu den Jahren 1831-1854 bei von Sarwey, Württ.Arch. 1, 135 (161-165).

165 Beschluß v. 6.9.1841, Württ.Arch. 14, 312; v. 23. 9. 1831, angeführt bei von Sarwey, Württ.Arch. 1, 135 (163 f.); Rechtsbeschwerde zugelassen, aber als unbegründet abgewiesen im Beschluß v. 24./28. 11. 1859, Württ.Arch. 14, 246-251.

tion bei Inkrafttreten der Neuen Allgemeinen Bauordnung am 1. Januar 1873. Über ihr kommt es alsbald zu einer Kontroverse, die an Grundsatzfragen der öffentlichrechtlichen Nachbarklagen rührt.

2. Die Reform des Baurechts und der Streit um die öffentlichrechtliche Baunachbarklage

a) Die Bauordnung von 1872/73

Absicht der Neuen Allgemeinen Bauordnung (BauO) von 1872/73[167] ist, das zersplitterte, oft unklare, häufig veraltete und der Baufreiheit hinderliche Baurecht zusammenzufassen, zu systematisieren, zu ordnen und zu bereinigen[168].

Bereinigt werden sollen nicht zuletzt die subjektiven Nachbarrechte. Die BauO ist unter anderem Reaktion auf die Nachbarrechtsprechung des Geheimen Rats. Ihr allgemeiner erster Abschnitt deklariert eingangs die Baufreiheit des Grundeigentümers im Rahmen der „polizeilichen und nachbarrechtlichen Vorschriften“ (Art. 1). Der zweite trifft Bestimmungen über die „Anlage der Orte und der Ortsstraßen“, der dritte handelt von den „für die einzelnen Bauten maßgebenden polizeilichen Bestimmungen“, der vierte faßt die privatnachbarrechtlichen Regelungen zusammen. Der abschließende fünfte Abschnitt normiert Behördenzuständigkeiten und Verfahrensfragen. In dringenden Einzelfällen ist das Innenministerium zu Dispensationen von baupolizeilichen Vorschriften soweit befugt, „als nicht dadurch dem Rechte oder erheblichen Interessen eines Dritten Eintrag geschieht“ (Art. 76). Im Genehmigungsverfahren sind die „beteiligten“ Nachbarn und Behörden zu vernehmen, vorgebrachte Einwendungen und Erinnerungen zu erörtern und eine Verständigung der Beteiligten zu versuchen (Art. 86). Einwendungen nicht privatrechtlicher Natur werden mit endgültiger Gestattung des Vorhabens ausgeschlossen, privatrechtliche Einwendungen zur zivilrichterlichen Entscheidung verwiesen (Art. 88). Alle baupolizeilichen Entscheidungen sind den Einwendern urkundlich zu eröffnen (Art. 89 Abs. 1).

In einem Aufsatz zur Veröffentlichung der BauO[169] befaßt von Sarwey sich eingehend mit dem Verhältnis polizeilicher und nachbarrechtlicher Bauvorschriften. Vor dem Hintergrund der Nachbarrechtsstreitigkeiten der Vergangenheit mit all den Schwankungen und Unsicherheiten in der Spruchpraxis des

---

166 Geheimer Rat v. 17. 7. 1871, Württ.Arch. 15, 329-331; v. 23. 5. 1871 u. v. 2. 10. 1872, Württ.Arch. 15, 331-334.

167 RegBl. 1872, S. 305.

168 Vgl. Bitzer, Bauordnung, S. 11 f., 16-18, 612-624; von Sarwey, Württ.Arch. 15, 348 (352).

169 von Sarwey, Württ.Arch. 15, 348 ff.

Geheimen Rats hebt er es als besondere Leistung der neuen Bauordnung hervor, die polizeilichen wie auch die privatnachbarrechtlichen Verhältnisse zu regeln und dem „Polizei- und Privatrecht auf dem Gebiete der Baugesetzgebung klare und feste Grenzen" zu ziehen[170]. Wie in Vorahnung kommenden Streits betont er, daß die Rechtsbeschwerde an den Geheimen Rat die Verletzung eines *subjektiven Rechts* und nicht bloß eines *Interesses* voraussetze[171]. Wer sich auf andere als die nachbarrechtlichen Bestimmungen des Vierten Abschnitts berufe, verfolge „nur unter Berufung auf das öffentliche Recht ein eigenes Interesse, welches von dem Gesetzgeber nicht als ein subjektives Recht anerkannt ist". Als Beispiele bloß polizeilicher Normierung ohne subjektive Berechtigung der Nachbarn nennt von Sarwey Bestimmungen über die zulässige Gebäudehöhe, über Gebäudeabstände zu Waldungen, Lagerplätzen, Eisenbahnlinien etc. sowie über Anordnung und Äußeres von Gebäuden[172]. Beim Verstoß gegen Vorschriften außerhalb des nachbarrechtlichen Abschnitts sei eine Verletzung Dritter in eigenen Rechten undenkbar, der Nachbar auf die Geltendmachung seiner Interessen im Verwaltungsverfahren beschränkt[173]. Das gelte auch dann, wenn polizeiliche Vorschriften die besondere Berücksichtigung nachbarlicher Belange anordneten. Um dem Schluß auf subjektive Nachbarrechte zu wehren, sei in diesen Fällen den Polizeibehörden Ermessen eingeräumt worden. Die Bauordnung gehe konsequent den Weg, außerhalb des Privatnachbarrechts die schutzwürdigen Interessen der Nachbarn lediglich „unter den allgemeinen Schutz der gesetzmäßigen Verwaltung" zu stellen[174].

b) Die Kontroverse zwischen Geheimem Rat und von Sarwey um die öffentlichrechtliche Baunachbarklage

Gleichwohl setzt der Geheime Rat seine bisherige Rechtsprechung fort. Ist eine öffentliche Bauvorschrift zwingend und hat der Nachbar ein vernünftiges Interesse an ihrer Beachtung, so wird die an den Rekurs anschließende Rechtsbeschwerde zugelassen[175]. Die Beschwerde des Nachbarn stellt sich dem Geheimen Rat nicht als eine Parteienstreitsache zwischen Nachbar und Bauwerber, sondern als ein subordinationsrechtliches Streitverfahren dar, in welchem „beiderlei Beteiligte in ihren Ansprüchen" – nämlich A mit einem Recht auf Genehmigung und B mit einem solchen auf Beobachtung der ihm günstigen Baurechtsnormen – „der *öffentlichen Gewalt* gegenüberstehen"[176];

---

170 Ebd., S. 352.

171 Ebd., S. 365.

172 Ebd., S. 365-367.

173 Ebd., S. 367.

174 Ebd., S. 367-369.

175 Geheimer Rat v. 11. 5. 1874, Württ.Arch. 17, 261-264; v. 25. 9. 1875, Württ. Arch. 18, 114-116.

eine uns heute modern anmutende Konstruktion, die von Sarwey[177] indes als „künstlich“ abtut.

Eine stichhaltige juristische Begründung für die Zulassung der öffentlichrechtlichen Baunachbarklage bleibt der Geheime Rat schuldig. Mit der Zulassung des Rekurses wegen nicht privatrechtlicher Einwendungen (Artt. 88 Abs. 1, 90 BauO) ist über das Vorliegen von „Ansprüche(n), die sich auf das öffentliche Recht gründen“, wie sie das Gesetz über die Rechtsmittel in Verwaltungs-Justizsachen (Art. 1 Abs. 1)[178] verlangt, nichts gesagt. Auch das allgemeine Eigentumsrecht führt nicht weiter, gilt es doch gerade den Nachweis zu führen, daß das beeinträchtigte Nutzungsinteresse subjektivrechtlichen Schutz aus dem verletzten Polizeigesetz genießt. Für den Geheimen Rat gibt das gerechte Ergebnis den Ausschlag. Die Verneinung des subjektiv-öffentlichen Nachbarrechts liefe auf eine ungerechtfertigte Privilegierung des Bauwerbers gegenüber denjenigen, die schon gebaut haben, wie auch denen, die ihre Grundstücke anders als baulich nutzen wollten, hinaus – die öffentlichrechtliche Nachbarklage zur Gewährleistung von gleichmäßiger Gesetzesanwendung für alle (dinglich) Nutzungsberechtigten[179].

Als der Geheime Rat seine Auffassung von der öffentlichrechtlichen Nachbarklage zum Gegenstand eines an das Innenministerium als oberste Baubehörde gerichteten Beschlusses[180] macht, nimmt von Sarwey dies zum Anlaß für eine tiefschürfende Kritik[181]. Seine unverändert aktuellen Argumente: (1) die Baugenehmigung sei nur Erklärung, daß dem Vorhaben ein polizeigesetzliches Hindernis nicht im Wege stehe. Der Nachbar werde in seinem Interesse nicht durch die Bauerlaubnis sondern durch den Baulustigen gestört[182]. – (2) Die Ableitung subjektiver Nachbarrechte aus öffentlichrechtlichen Vorschriften drohe den Nachbarn zu Lasten der Baufreiheit übermäßig zu berechtigen. Denn die Grenzen der individuellen Rechtskreise werden verschieden weit gezogen je nachdem, ob es um die Beziehung des eines Privatrechtssubjekts zu den anderen oder zu dem vom Staat repräsentierten Gemeinwohl gehe. Polizeilich motivierte Beschränkungen engten die Freiheit regelmäßig stärker ein. In dieser Hinsicht getroffene Festsetzungen der Freiheitsgrenzen seien weder ohne weiteres in die Bürger/Bürger-Relation übertragbar, noch befinde sich der Rechtsanwender in der Lage, den Polizeigesetzen das rechte Maß für weniger weitreichende subjektive Rechte Privater zu entnehmen[183]. – (3)

---

176 Erkenntnis v. 25. 9. 1875, S. 115 (Herv. P. P.).

177 Württ.Arch. 18, 115 f., Anm. 14.

178 RegBl. 1855, S. 291.

179 Dazu von Sarwey, Württ.Arch. 17, 239 (249 f.).

180 v. 5. 5. 1875; soweit ersichtlich nicht veröffentlicht.

181 Württ.Arch. 17, 239-261.

182 Ebd., S. 245 f.

183 Ebd., S. 246 f. Später verbindet von Sarwey die Frage der unterschiedlichen Begrenzung der Rechtskreise im öffentlichen und im privaten Interesse mit dem

Indem der Geheime Rat die Besonderheit des Polizeirechts ignoriere und zudem als „Nachbarn“ nicht nur die unmittelbaren Angrenzer anerkenne, habe er dem Gesetzgeber die Entscheidung über subjektive Rechte aus der Hand genommen, sei es „in Wahrheit ganz dem Ermessen der obersten Administrativ-Justizbehörde anheim gegeben zu bestimmen, wie nah und wie bedeutend das Interesse eines Nachbars bei einem Neubau sein müsse, um ihm ein subjektives Recht auf Einhaltung der baupolizeilichen Vorschriften zuzugestehen oder nicht“[184]. – (4) Das mit der Nachbarklage verfolgte Interesse decke sich häufig nicht mit dem Zweck der zur Grundlage des subjektiven Nachbarrechts gemachten Polizeivorschrift[185].

Von Sarwey und der Geheime Rat repräsentieren grundverschiedene Konzeptionen des staatlich-administrativen Schutzes von Privatinteressen: auf der einen Seite die nur durch die Gesetze gebundene und durch die Verwaltungsaufsicht kontrollierte *Fürsorge* der Behörden; auf der anderen Seite die individuelle Rechtsmacht des Begünstigten, die pflichtgemäße Fürsorge zum Schutz seines Interesses nötigenfalls zu erzwingen. Die Auffassung des Geheimen Rats ist, wie von Sarwey[186] rügt, von Mißtrauen in eine von externen Sanktionen freigestellte Behördenpraxis getragen. Sie ist vor allem aber Ausdruck eines *emanzipativen Verständnisses* der Stellung des Bürgers im Staat, der, wenn er auch des Schutzes und der Fürsorge bedarf, dieser nicht als eines obrigkeitlichen Gnadenerweises teilhaftig wird, sondern sie als etwas ihm Zukommendes *verlangen* kann. Damit sind Grundpositionen bezogen, die die Einstellungen zum öffentlichrechtlichen Drittschutz bis in die Gegenwart maßgeblich mitbestimmen.

c) Das Ende der öffentlichrechtlichen Nachbarklage in Württemberg

Mit der Errichtung des Württembergischen Verwaltungsgerichtshofs 1878 findet die öffentlichrechtliche Nachbarklage württembergischer Art ein abruptes Ende. Ganz auf der Linie von Sarweys, hält das neue Gericht die Nachbarklage wegen Verletzung baupolizeilicher Vorschriften für unzulässig, da es an der Möglichkeit einer Verletzung in subjektiven Rechten fehle. Dies, obwohl der nunmehr maßgebliche Art. 13 Abs. 1 Verwaltungsrechtspflegegesetz

Gedanken der Abgrenzbarkeit des gesetzlich geschützten Interesses. Während privatrechtliche Eigentumsbeschränkungen wesensmäßig nur „Rechte *bestimmter einzelner* Rechtssubjekte“ sein könnten, hätten die öffentlichrechtlichen Beschränkungen den „Schutz eines subjektiv nicht abgegrenzten Interessenkreises zum Zweck“. Eben deshalb sei die Durchsetzung der hierher gehörenden Normen nicht Individuen, sondern der Verwaltung übertragen (Verwaltungsrechtspflege, S. 613 f. – Herv. i. O.).

184 Ebd., S. 240.

185 Ebd.

186 Ebd., S. 249.

1876[187] (VerwRPflG) nur die vom Geheimen Rat entwickelten Rechtsgrundsätze festschreiben sollte[188]. Wenn auch die Nachbarn an der Einhaltung bestimmter baupolizeilicher Vorschriften ein Interesse hätten, sei doch „nicht ihnen selbst durch diese im öffentlichen Interesse erlassenen Bestimmungen ein Rechtsanspruch darauf eingeräumt, daß dieselben in einer ihrem besonderen Interesse entsprechenden Richtung gegenüber dem Unternehmer des Baus zum Vollzuge gebracht werden“[189]. Nur wo die Ausführung des baurechtswidrigen Vorhabens die zukünftige bauliche Ausnutzbarkeit des Nachbargrundstücks unmittelbar einschränken würde, gilt der Nachbar als in einem Recht verletzt und klagebefugt[190].

---

[187] RegBl. S. 485.

[188] Motive, bei Hohl, Verwaltungsrechtspflegegesetz, S. 55-57, 73 f., 145. Nach Art. 13 Abs. 1 entscheidet der VGH, wenn jemand behauptet, durch eine auf Gründe des öffentlichen Rechts gestützte Entscheidung „in einem ihm zustehenden Recht verletzt“ zu sein.

[189] VGH v. 7. 10. 1896, Jb. 9, 224 (226 f.); v. 21. 11. 1877, Württ.Arch. 19, 268; v. 6. 8. 1879, Württ.Arch. 20, 427 u. öfters. Zustimmend Goez, Verwaltungsrechtspflege, S. 448; ablehnend noch von Schindler, Bauordnung, Art. 76 Anm. 2.

[190] VGH v. 7. 10. 1896, Jb. 9, 224 (227); dazu Goez, S. 448 Anm. 1.

Zweites Kapitel

Die Wiedergewinnung des subjektivrechtlichen Interessenschutzes aus dem öffentlichen Recht

§ 5: Die Situation bei Einführung der Verwaltungsgerichtsbarkeit oder: das Dilemma des subjektiven öffentlichen Rechts

Wie radikal der Kahlschlag der subjektiven Berechtigungen ausgefallen ist, wird bei Einführung der Verwaltungsgerichtsbarkeit[1] deutlich, die, scheinbar paradox, in Württemberg sogar der öffentlichrechtlichen Nachbarklage ein Ende setzt[2]. Denn: Wo sind die zu schützenden *subjektiven Rechte*? Wer die Verwaltungsgesetze wie Rudolf von Gneist als „Normativbestimmungen für die Ausübung der obrigkeitlichen Gewalt" definiert[3] und als ausschließlich an die Obrigkeit, nicht auch die einzelnen Bürger, gerichtete Regeln auffaßt[4], muß in Ermangelung subjektiver öffentlicher Rechte zu einer objektivrechtlich konzipierten Verwaltungsgerichtsbarkeit gelangen[5] – gerichtliche Kontrolle der Verwaltung zur Gewährleistung richtiger Ausführung der Gesetze, wozu von Fall zu Fall individuelle Beschwerderechte und kontradiktorische Verhandlungen angeordnet werden. Zwar halten im Gegensatz zu von Gneist die Landesgesetzgeber, die neu errichteten Verwaltungsgerichte und das überwiegende Schrifttum subjektive Rechte aus Normen des öffentlichen Rechts gegenüber dem Staat für möglich und ihren Schutz für die wesensmäßige Aufgabe des Verwaltungsgerichtsprozesses[6]. Aber angesichts der allgemeinen Verlegenheit um die zu schützenden Individualrechtspositionen wagen nur Österreich und Württemberg[7] ein reines „Generalklausel"-System, das die Zulässigkeit des Verwaltungsrechtsweges von der Behauptung der Verletzung in einem subjektiven Recht abhängig macht. Andere wählen ein Mischsystem

1 Dazu Rüfner in: Jeserich u. a., Verwaltungsgeschichte II, S. 911-930.

2 Vorstehend § 4.

3 Von Gneist, Rechtsstaat, S. 270.

4 Von Gneist, Artikel „Beschwerde", S. 323, 325. Nur die Polizeistrafgesetze seien an die Bürger gerichtet.

5 Von Gneist, Rechtsstaat, S. 270-276; ders., Artikel „Verwaltungsjurisdiktion", S. 1113 (1117, 1119 f., 1122).

6 Vgl. Preuß.OVG v. 30. 4. 1877, E 2, 351 (353 f.).

7 Für Österreich das Gesetz v. 22. 10. 1875, die Errichtung eines VGH betreffend, § 2; für Württemberg das VerwRPflG v. 16. 12. 1876, Art. 13 Abs. 1.

aus Spezifikation einzelner Klagebefugnisse und einer „Generalklausel" in Polizeisachen[8]. Bayern sucht Zuflucht zum Enumerativsystem[9], wobei aber Grundgedanke bei der Auflistung der Rechtssachen sein soll, daß regelmäßig eine Verletzung von Rechten und nicht nur von Interessen vorliegen dürfte[10]. Mangelnde Ausbildung des Verwaltungsrechts in materiell-subjektivrechtlicher Hinsicht zwingt zum Enumerativsystem, wenn nicht seine schöpferische Entwicklung den Verwaltungsgerichten anvertraut sein soll[11].

Der ins Polizei- resp. Verwaltungsrecht abgedrängte Interessenschutz kann nicht einfach dadurch wieder für den Einzelnen verfügbar gemacht werden, daß man ihm die Möglichkeit der Klage bei Verletzung in einem „eigenen Recht" eröffnet; wie ja auch vormals der Abbau des subjektivrechtlichen Interessenschutzes beim materiellen Recht und weniger bei der prozessualen Klagebefugnis ansetzte. Es ist die *Struktur* des Verwaltungsrechts im ausgehenden 19. Jahrhundert, die der Ableitung subjektiver Rechte überhaupt und insbesondere zugunsten von Dritten Widerstände entgegensetzt.

Als erstes gilt es, die in die Sphäre des Staatlichen entrückten Regelungen, denen Carl Friedrich von Gerber und Paul Laband[12] überhaupt den Charakter von Rechtssätzen absprechen, zu möglichen Quellen subjektiver Rechte tauglich zu machen. Schon der scharfe Blick Otto Bährs hatte als einen Hauptgrund für das Rechtsschutzdefizit auf dem Gebiet des öffentlichen Rechts die „Nichtanerkennung des öffentlichen Rechts als *Rechts*" im Verhältnis zum Bürger diagnostiziert[13]. Seine eigene zivilistisch-genossenschaftliche Rechtsschutzkonzeption sah sich indessen von öffentlichrechtlicher Seite dem Einwand ausgesetzt, „ebensoviel Klagen wie Berührungen der Staatsgewalt mit der Person und dem Vermögen des Unterthanen" zu provozieren[14]. Sollte diese Schreckensvision nicht Wirklichkeit werden, durfte man staatliches Innenrecht nur in begrenztem Umfang in außenwirksame *Rechts*sätze überführen. Eine solche *partielle* Transformation unternimmt von Sarwey mit der Unterscheidung von bloßen „Amtsinstruktionen" und einem Verwaltungs*recht* im eigentlichen Sinne, welches der Verwaltungstätigkeit dadurch Grenzen zieht, daß es abgeschirmte Interessensphären der Bürger umreißt[15]. Allein

---

[8] Vor allem Preußen; dazu Rüfner in: Jeserich u. a., Verwaltungsgeschichte II, S. 923 ff.; Stump, Verwaltungsgerichtsbarkeit, S. 134 f., 138 ff., 166 ff.

[9] Gesetz v. 8. 8. 1878, die Errichtung eines VGH und das Verfahren in Verwaltungsrechtssachen betreffend.

[10] Dazu Kahr, VGH-Gesetz, S. 56 f.; Krais, VGH-Gesetz, S. 27 f.; von Seydel, Annalen des Dtn. Reiches 1885, 213 (232 f.).

[11] Von Sarwey, Verwaltungsrechtspflege, S. 407; von Seydel, S. 232 f.; zur preuß. Gesetzgebung siehe außerdem Bornhak, Preuß.Staatsrecht II, S. 450.

[12] Von Gerber, Staatsrecht, S. 34; Laband, Staatsrecht II, 1. Aufl. S. 198 ff., *205*, 5. Aufl. S. 172 ff., *181 ff.* Zu Labands Rechts(satz)-begriff vgl. Böckenförde, Gesetz, S. 233-236; Ossenbühl, Verwaltungsvorschriften, S. 57-59.

[13] Bähr, Rechtsstaat, S. 56 (Herv. i. O.).

[14] Von Gneist, Rechtsstaat, S. 266.

die Verletzung dieser Rechtsnormen könne mit der gerichtlichen Klage bekämpft werden.

Schwierigkeiten bereitet auch die geringe Regelungsdichte im Bau- und Gewerbepolizeirecht. Zu oft fehlen, wie der Bay.VGH[16] bei den §§ 16 ff. GewO moniert, „*sichere* Rechtsnormen, welche als Unterlagen einer Rechtsfindung dienen könnten". Von geringer Regelungsdichte wird auf gerichtlich nicht kontrollierbares Behörden*ermessen* geschlossen[17], das als sog. technisches Ermessen auch die Feststellung und Einschätzung entscheidungserheblicher Tatsachen umfaßt. Vor allem in den süddeutschen Staaten, aber auch durch das sächsische Baugesetz von 1900 wird den Behörden in rechtsschutzbeschränkender Absicht Ermessen eingeräumt[18].

Die die Verwaltungstätigkeit gegenüber dem Bürger eingrenzende Verwaltungsrechtsnorm konstituiert dessen Privatsphäre als rechtlich geschützte. Dieses „rechtlich geschützte Interesse" soll das gesuchte subjektive öffentliche Recht sein[19]. Handelt es sich um eine grenzziehende bzw. sphärenschützende Norm? – lautet die für den Verwaltungsrechtsschutz entscheidende Frage.

Zum Angelpunkt der Unterscheidung von Rechtsnorm und Amtsinstruktion wird der allgemeine Gesetzesvorbehalt. Eine Bestimmung, die Voraussetzungen und/oder Grenzen eines *imperativen*[20] Eingriffs in Freiheit und Eigentum regelt, ist ohne weiteres individualschützend. So erweist sich eine Bestimmung über den erforderlichen Gebäudeabstand oder über Immissionsgrenzen im Verhältnis zwischen dem Bauherrn oder Unternehmer (A) und der Polizeibehörde als Verwaltungs*rechts*satz, weil sie den Umfang der Eigentümer- oder Gewerbefreiheit gegenüber der Interventionsmacht der Verwaltung regelt[21]. Ganz anderes gilt im Verhältnis zum außerhalb dieser Relation stehenden Dritten (B), den das behördliche Verhalten nur „mittelbar" berührt. Auf seiner Seite besteht kein vergleichbarer Freiheitsanspruch, der die Verwaltungsvorschrift als rechtliche Grenzbestimmung seiner Interessensphäre erscheinen ließe. Auch wenn die Norm ihn gewollt begünstigen mag,

---

[15] Von Sarwey, Verwaltungsrechtspflege, S. 65-68, 72-79; ders., Allg. Verwaltungsrecht, S. 37-39, 42.

[16] Bay.VGH v. 14. 12. 1880, E 2, 295 (299 – Herv. i. O.).

[17] Von Sarwey, Verwaltungsrechtspflege, S. 524.

[18] Zu Bayern Kahr, VGH-Gesetz, Eingang zu Art. 3, n. 3; Krais, VGH-Gesetz, S. 27. Zur Württ.BauO 1873 siehe Hohl, Verwaltungsrechtspflegegesetz, S. 55-57; zum Sächs.BauG Bühler, Subjektive öffentliche Rechte, S. 426.

[19] Von Sarwey, Verwaltungsrechtspflege, S. 79 f.

[20] Zur Maßgeblichkeit unmittelbarer Interessenbeeinträchtigung vgl. von Sarwey, Verwaltungsrechtspflege, S. 415. In der Rechtsprechung des Preuß.OVG zur Unzulässigkeit der öffentlichrechtlichen Baunachbarklage begegnet der Hinweis auf das Fehlen eines unmittelbaren Rechtseingriffs mit großer Regelmäßigkeit; Preuß. OVG v. 10. 5. 1912, E 61, 175 (178); v. 17. 12. 1900, E 38, 376 (379); v. 27. 6. 1894, PrVerwBl. Jg. 15, 509 (510); v. 16. 5. 1893, PrVerwBl. Jg. 14, 619.

[21] Vgl. von Sarwey, Württ.Arch. 15, 348 (356).

markiert sie eine rechtliche Grenze doch nur zwischen der Kompetenz der Behörde und dem Freiheitsrecht des A. Die polizeiliche Bauwich- oder Immissionsschutznorm begünstigt B „objektiv", ohne seine „Rechts- und Willenssphäre" zu konstituieren.

Wie sollte sie auch, lag doch die Pointe der Publifizierung weiter Rechtsbereiche gerade in der Beseitigung individuell wehrfähiger Rechtspositionen! Auf dem Umweg über das *subjektive öffentliche Recht* im Übermaß zurückzugeben, was als Privatrecht beseitigt wurde, erschiene widersinnig. Wo aber keine abgegrenzte Rechtssphäre, da kein Rechtseingriff. Folgerichtig zu Ende gedacht, stellt sich die Anfechtung der Bau- oder Gewerbeanlagengenehmigung durch B als Geltendmachung nicht eines Abwehranspruchs, sondern eines subjektiven Rechts auf Gesetzesvollzug gegenüber dem eigentlich störenden A dar. Einen Anspruch oder eine Klage auf Gesetzesvollzug zu Lasten anderer gibt es jedoch prinzipiell nicht.

Die Aussichten für einen Schutz des B aus materiellem Verwaltungsrecht sind demnach schlecht. Um so bemerkenswerter, daß und wie einzelne Verwaltungsgerichte, allen voran das Sächsische OVG, in der Folgezeit den Nachbarn dennoch subjektiv-öffentlichrechtlichen Schutz zu verschaffen wissen, während freilich das Preußische OVG und mit ihm die Mehrzahl der übrigen Gerichte den subjektiv-öffentlichrechtlich ungeschützten Status des Nachbarn hinnimmt.

§ 6: Die öffentlichrechtliche Baunachbarklage in der verwaltungsgerichtlichen Judikatur bis 1933

Die verwaltungsgerichtliche Nachbarklage gegen die baurechtswidrige Zulassung eines Vorhabens ist eine Schöpfung der Rechtsprechung. Dort werden die Argumente pro und contra gewogen, dort die gegensätzlichen Standpunkte bezogen und fortwährender Sachgerechtigkeitskontrolle unterzogen. Das Preuß.OVG, der Württ.VGH, der Braunschw.VGH und das Sächs.OVG sind ihre Exponenten in einem Spektrum, das von genereller Ablehnung bis zur grundsätzlichen Anerkennung und vollen Ausbildung eines auf die Schutznormtheorie gegründeten öffentlichrechtlichen Drittschutzes gegenüber rechtswidrigen Baugenehmigungen reicht[22].

1. Preußisches Oberverwaltungsgericht: generelle Ablehnung der öffentlichrechtlichen Baunachbarklage

Obwohl das Preuß.OVG frühzeitig erkannt hat, daß die zu Beschwerde und Anfechtungsklage befugende Verletzung in eigenen Rechten durch eine Poli-

[22] Knappe Übersicht bei Laubinger, Verwaltungsakt, S. 34-42.

zeiverfügung auch bei einem anderen als dem unmittelbaren Adressaten eintreten kann und wiederholt Klagen von derart „Dritt“-Betroffenen zuläßt[23], lehnt es die auf eine Verletzung baupolizeilicher Vorschriften gestützte Baunachbarklage bis zum Ende konsequent ab.

Zwei juristische Argumente sind es vor allem, die diese Judikatur tragen: die Rechtsnatur der Baugenehmigung und die Schutzrichtung des öffentlichen Baurechts. Der Baukonsens gilt als behördliche Erklärung, daß dem geplanten Vorhaben keine Bedenken rücksichtlich polizeilicher Anforderungen entgegenstehen[24]. Die Baugenehmigung erschöpft sich in der Feststellung öffentlichrechtlicher Zulässigkeit einer Grundstücksnutzung. Im Bauwerk wird nicht ein durch die Erlaubnis oder den Dispens verliehenes Recht realisiert, sondern das aus dem *Grundeigentum* fließende Nutzungsrecht ausgeübt[25]. Vom Bauherrn, nicht vom Staat geht die Beeinträchtigung des Nachbarn aus[26].

Bei diesem Befund kann das mit der Nachbarklage geltend zu machende Recht nur ein Anspruch auf Beachtung des dem Nachbarn günstigen Baurechts im Genehmigungsverfahren bzw. auf Gesetzesvollzug sein. Tatsächlich finden sich in der Judikatur des OVG Ausführungen, wonach das Rechtsmittel des Nachbarn gegen die Baugenehmigung in der Sache als Geltendmachung eines – dem preußischen Recht fremden – Anspruchs auf behördliches Einschreiten zu verstehen sei[27]. Ein durch die Baugenehmigung möglicherweise verletztes subjektives öffentliches Nachbarrecht verneint das Gericht stereotyp mit dem Bemerken, das auf Rücksichten des Gemeinwohls zurückzuführende Baupolizeirecht stelle den Schutz Dritter, wenn es „bis zu einem gewissen Grade auch die besonderen Interessen der Nachbarn zu schützen bestimmt sein mag“, lediglich unter den „allgemeinen Schutz einer geordneten Verwaltung“[28].

---

[23] Grundlegend Preuß.OVG v. 9. 5. 1876, E 1, 327: Anfechtungsbefugnis eines Trunkenboldes gegen eine an die Schankwirte des Orts ergangene polizeiliche Anordnung, ihm keine Alkoholika zu verabreichen; außerdem OVG v. 9. 2. 1878, E 3, 217; v. 11. 2. 1879, E 5, 408; v. 28. 10. 1880, E 7, 310 (313 f.); dazu weiter von Brauchitsch/ Drews/ Lassar, Verwaltungsgesetze II. 1, S. 108.

[24] OVG v. 23. 6. 1891, PrVerwBl. Jg. 12, 570; v. 26. 4. 1923, E 78, 257 (259 f.).

[25] OVG v. 30. 4. 1877, E 2, 351 (353); v. 11. 2. 1887, E 14, 378 (381); v. 10. 5. 1912, E 61, 175 (178).

[26] OVG v. 20. 6. 1929, RVerwBl. Jg. 50, 796; v. 15. 2. 1916, E 70, 377 (379) – zum Wassernachbarrecht.

[27] OVG v. 18. 11. 1887, PrVerwBl. Jg. 9, 143: Die klägerische Beschwer beruhe darin, daß die Genehmigungsbehörde es unterlassen habe, „positiv zu Gunsten des Klägers mit einem seinen Wünschen entsprechenden Verbote in Action zu treten“; weiter OVG v. 11. 2. 1887, E 14, 378 (382); v. 10. 5. 1912, E 61, 175 (178).

[28] OVG v. 30. 4. 1877, E 2, 351 (354); außerdem v. 10. 5. 1912, E 61, 175 (178); v. 11. 2. 1887, E 14, 378 (381).

2. Württembergischer Verwaltungsgerichtshof: exzeptionelle Zulassung der öffentlichrechtlichen Baunachbarklage

Der Württ.VGH lehnt anfangs die öffentlichrechtliche Baunachbarklage generell ab[29]. Auch unter der neuen BauO von 1910[30] bleibt das Gericht bei dieser Haltung[31]. Der verwaltungsgerichtliche Schutz des Nachbarn erschöpft sich in der Durchsetzbarkeit seines *Verfahrens*beteiligungsrechts. Ist ihm die Möglichkeit der Einsprache im Genehmigungsverfahren (Artt. 110 ff. BauO) vorenthalten worden, hebt das Gericht die Genehmigung auf[32]. Materiellrechtliche Unzulässigkeit des Vorhabens ist unbeachtlich.

Ende 1921 erfolgt eine Änderung der Rechtsprechung, die sich allerdings in der Theorie gewichtiger ausnimmt als in der Praxis. Der VGH anerkennt jetzt die grundsätzliche Möglichkeit eines subjektiven Nachbarrechts aus öffentlichem Baurecht und bejaht konkret einen Anspruch auf Abwendung der sich aus dem Umbau eines Gebäudes zu einem Krankenhaus ergebenden „Gefahren, Nachteile oder Belästigungen“[33]. An dieser Linie hält das Gericht bis zu einer erneuten Kurskorrektur[34] im Jahre 1934 fest, verneint allerdings im Einzelfall regelmäßig ein subjektives öffentliches Nachbarrecht[35].

Auch für den Württ.VGH ist die Baugenehmigung Erklärung, daß dem Vorhaben Hindernisse aus öffentlichem Recht nicht entgegenstehen[36]. Die Störung geht folglich vom Bauherrn aus. Das subjektive öffentliche Nachbarrecht stellt sich nicht als Reaktionsrecht auf einen unmittelbaren hoheitlichen Eingriff dar. Es ist ein „Recht auf Abwendung“ von Beeinträchtigungen[37], „Rechtsanspruch auf Einhaltung bzw. Durchführung“ der baurechtlichen Vorschriften durch die Aufsichtsbehörde[38]. Ein derartiges Nachbarrecht setzt eine Bestimmung voraus, die „ausdrücklich den *besonderen* Schutz des Nachbarn“ bezweckt[39]. Diesen Anforderungen genügt nach Auffassung des VGH[40]

---

[29] Oben § 4, 2 c).

[30] RegBl. S. 333.

[31] VGH v. 14. 2. 1912, WürttRPflZ 1913, 142.

[32] VGH v. 16. 10. 1912, WürttRPflZ 1916, 13; vgl. außerdem v. 24. 1. 1900, Jb. 12, 67 (72 f.).

[33] Urt. v. 13. 7. u. v. 12. 11. 1921, WürttRPflZ 1922, 31, 45.

[34] Unten § 7, 1.

[35] Vgl. Urt. v. 22. 2. 1922, WürttZ 1922, 182; v. 18. 3. 1925, WürttRPflZ 1926, 25 (27); v. 4. 12. 1929, WürttRPflZ 1930, 53; v. 1. 12. 1931, WürttRPflZ 1932, 136. – Die weiterhin sehr restriktive Haltung des Württ.VGH zur öffentlichrechtlichen Baunachbarklage verkennt anscheinend Laubinger, Verwaltungsakt, S. 37 f.

[36] Goez, Verwaltungsrechtspflege, S. 437.

[37] VGH v. 12. 11. 1921, WürttRPflZ 1922, 45 (47).

[38] VGH v. 4. 12. 1929, WürttRPflZ 1930, 53 (54); v. 1. 12. 1931, Württ RPflZ 1932, 136 (138).

[39] VGH v. 4. 12. 1929, WürttRPflZ 1930, 53 (54 – Herv. P. P.); v. 1. 12. 1931, WürttRPflZ 1932, 136 (138).

weder die Begrenzung der behördlichen Dispensationsermächtigung durch Rechte und erhebliche Interessen Dritter (Art. 116 BauO 1910) für sich allein noch in Verbindung mit Vorschriften über die Anlegung von Düngerstätten, Bauwiche, den Gebietscharakter (Landhausgebiet) oder die Überbaubarkeit von Flächen. Anders Art. 95 Abs. 1 BauO 1910. Diese Bestimmung verpflichtet bei näher spezifizierten Vorhaben, die aufgrund ihrer Eigenart Gefahren, Nachteile oder Belästigungen für Anwohner und Publikum mit sich bringen, zu deren Abwehr die allgemeinen baupolizeilichen Vorschriften ungenügend sind, die Baupolizeibehörde, besondere Schutzverfügungen zu treffen. Aus der ausdrücklichen Nennung der Anwohner und der behördlichen Pflicht zu Maßregeln einer *gesteigerten* Gefahren- und Belästigungsabwehr schließt der VGH auf die gesetzliche Anerkennung eines „über das allgemeine Interesse des Publikums hinausgehenden" und subjektivrechtlich ausgestalteten Individualinteresses dieses Personenkreises[41].

3. Braunschweigischer Verwaltungsgerichtshof: prinzipielle Anerkennung der öffentlichrechtlichen Baunachbarklage

Während in der Rechtsprechung des Württ.VGH die öffentlichrechtliche Baunachbarklage auch nach ihrer prinzipiellen Anerkennung die seltene Ausnahme bleibt, hat die Befugnis des Nachbarn, öffentlich-baurechtswidrige Genehmigungen anzufechten, in der Judikatur des Braunschw. VGH ihren festen Platz.

Die braunschweigischen Bauordnungen von 1876 und 1899[42] enthalten jeweils separate Abschnitte mit privatnachbarrechtlichen Bestimmungen. Hierauf gestützte und sonstige „privatrechtliche Einwendungen" sind im Zivilrechtsweg geltend zu machen (BauO 1876 § 75 Abs. 2; BauO 1899 § 92 Abs. 2). Durch Dispensationen darf nicht „dem Rechte oder erheblichen Interessen eines Dritten Eintrag" geschehen (§ 65 bzw. § 88 Abs. 1). Die Inanspruchnahme verwaltungsgerichtlichen Rechtsschutzes gegen Entscheidungen der Baupolizeibehörde setzt die Verletzung des Klägers in einem subjektiven Recht voraus[43]. Obwohl die Systematik der Bauordnungen gegen eine subjektive Berechtigung der Nachbarn aus anderen als den ausdrücklich als nachbarrechtlich gekennzeichneten Bestimmungen spricht, nimmt die Rechtsprechung des VGH frühzeitig eine nachbarfreundliche Richtung. Durch baupolizeiliche Vorschriften über feuersichere Grenzmauern, über Grenzabstände von Gebäuden, über ortsgesetzliche Beschränkungen für emittierende Anla-

---

40 VGH v. 22. 2. 1922, WürttZ 1922, 182 (183); v. 7. 10. 1925, WürttRPflZ 1926, 13 (15); v. 4. 12. 1929, WürttRPflZ 1930, 53; v. 1. 12. 1931, WürttRPflZ 1932, 136 (137).

41 VGH v. 12. 11. 1921, WürttRPflZ 1922, 45 (46).

42 GV-Sammlung 1876, S. 239 und 1899, S. 165.

43 § 9 VerwRPflG 1895 (GV-Sammlung S. 79).

gen sieht er entsprechende subjektive Nachbarrechte eingeräumt[44]. Sogar bei Verstößen gegen das Verbot von Einfriedungen, die den Einsatz der Feuerwehren übermäßig erschweren, gegen das Gebot feuersicherer Bauweise und das Erfordernis des Anschlusses an fertiggestellte Straßen läßt der VGH die Nachbarklage zu[45]. Für die Möglichkeit der Verletzung in einem subjektiven öffentlichen Recht genügt ihm die Feststellung, daß die Einhaltung der verletzten Vorschrift im *Interesse* des Klägers liege[46].

In der Grundsatzentscheidung vom 25. Oktober 1899[47] leitet der VGH seine Ausführungen zum Vorliegen eines subjektiven Nachbarrechts aus der BauO mit der Feststellung ein, durch das Vorhaben in ihren Interessen berührte Dritte, die gegen die Genehmigung Einspruch erhoben hätten, stünden bei ihrer Erteilung „in einer ähnlichen Rechtslage" wie der Bauwerber bei ihrer Versagung. Zur Begründung zieht das Gericht eine Parallele zwischen dem öffentlich-baurechtlichen Einwendungsverfahren und dem Genehmigungsverfahren nach §§ 16 ff. GewO. Besonders inspiriert durch § 21 Nr. 4 GewO, wonach die Einwender als Parteien anzusehen sind, deutet der VGH die Baugenehmigung als behördliche Entscheidung in einem nachbarlichen Interessenkonflikt[48]. Die Baubehörde erscheint, so heißt es später[49], „in der Rolle des Richters und schlichtet die Interessengegensätze". Die Genehmigung ist nicht mehr nur deklaratorischer Akt, der dem Bauherrn die Verwirklichung eines aus seinem Eigentum fließenden – privaten – Nutzungsrechts eröffnet. Sondern sie ist eine konstitutiv wirkende Entscheidung, die einen Nutzungskonflikt Privater auf der Grundlage öffentlichen Rechts reguliert. Die Genehmigungsbehörde steht in einem rechtlichen Verpflichtungsverhältnis zu Bauwerber (A) *und* Nachbar (B). Die Rechtsverhältnisse zwischen den Beteiligten stellen sich als unvollkommenes Dreieck dar. Zwischen Behörde und A auf der einen sowie Behörde und B auf der anderen Seite besteht jeweils ein selbständiges öffentlichrechtliches Verhältnis, wobei je nach materieller Rechtslage entweder A einen Anspruch auf Erteilung und Aufrechterhaltung oder B einen Anspruch auf Versagung oder Zurücknahme der Bauerlaubnis hat. Nur unmittelbar zwischen A und B soll kein Rechtsverhältnis existieren[50].

Eine tragfähige Begründung für seine Konzeption gibt der Braunschw. VGH nicht. Die Befugnis, eigene Interessen in einem Genehmigungsverfah-

---

[44] VGH v. 25. 10. 1899, Braunschw.Zs. 47, Beiheft S. 14; v. 5. 2. 1902, Braunschw.Zs. 49, Beiheft S. 37; v. 3. 2. 1909, Braunschw.Zs. 56, Beiheft S. 54.

[45] VGH v. 1. 10. 1919, Braunschw.Zs. 67, Beiheft S. 43; v. 24. 6. 1908, Braunschw.Zs. 55, Beiheft S. 20.

[46] VGH v. 1. 10. 1919, Braunschw.Zs. 67, Beiheft S. 43.

[47] Braunschw.Zs. 47, Beiheft S. 14.

[48] Ebd., S. 15.

[49] VGH v. 5. 2. 1902, Braunschw.Zs. 49, Beiheft S. 37 (39 f.).

[50] Ebd., S. 40 – da zum Vorliegen eines öffentlichrechtlichen Verhältnisses mindestens ein Beteiligter Träger öffentlicher Gewalt sein müsse.

ren geltend zu machen, impliziert noch keinen Anspruch auf inhaltlich „richtige" Entscheidung oder Gesetzesanwendung. Die Interpretation des Baugenehmigungsverfahrens nach dem Muster der gewerblichen Anlagengenehmigung kann, zumal in der Schlußfolgerung, nicht überzeugen. Die (erst) seit 1911 in Braunschweig bestehende Regelung, daß an die Stelle des Administrativ-Rekurses nach § 20 GewO die Klage beim VGH als Rekursinstanz tritt[51], ist auf das Baurecht nicht übertragbar.

4. Sächsisches Oberverwaltungsgericht: volle Ausbildung der öffentlichrechtlichen Baunachbarklage auf der Grundlage der Schutznormtheorie

Unter der Geltung des Verwaltungsrechtspflegegesetzes vom 19. Juli 1900[52] (VerwRPflG) und des kurz zuvor ergangenen Allgemeinen Baugesetzes[53], mit dem sich Sachsen das für mehrere Jahrzehnte modernste Baurecht Deutschlands gibt[54], entwickelt das neu errichtete Sächs.OVG alsbald eine Rechtsprechung zur öffentlichrechtlichen Baunachbarklage, die nachgerade als Gegenentwurf zur „polizeilichen" Konzeption des Preuß.OVG gelten darf. 1912 faßt das Gericht als Essenz seiner Judikatur zusammen[55]: „Die Anfechtungsklage dient regelmäßig nur dem Schutze subjektiver öffentlicher Rechte. Der Widerspruch gegen ein Bauvorhaben kann daher vom Nachbarn des Bauwerbers nur dann mit der Klage geltend gemacht werden, wenn das Vorhaben gegen landes- oder ortsgesetzliche Vorschriften verstößt, die den Schutz des Nachbarn bezwecken"; wobei ausreichend ist, daß die verletzte Norm dem Nachbarschutz „gleichzeitig" dient[56].

Die den öffentlichrechtlichen Drittschutz bis heute wesentlich bestimmende Schutzzweck- oder Schutznormtheorie ist hier innerhalb kurzer Zeit voll entfaltet worden. Darüber hinaus beeindruckt die enorme Fülle veröffentlichter Entscheidungen, die bei aller Vielfalt der Sachverhalte, welche immer wieder die Möglichkeit der Überprüfung zuvor gewonnener Standpunkte geben, und trotz verschiedentlich vorgenommener Detailkorrekturen eine bemerkenswerte Kontinuität der Grundauffassung widerspiegeln[57]. Dabei ist wohlge-

---

[51] Unten § 8, 1., bei Anm. 169.

[52] GVBl. S. 486.

[53] v. 1. 7. 1900, GVBl. S. 381.

[54] Schmidt-Aßmann, Grundfragen, S. 30.

[55] Urt. v. 8. 11. 1912, Jb. 19, 349 (350); ebenso v. 13. 4. 1910, Jb. 15, 309.

[56] OVG v. 19. 5. 1906, Jb. 9, 15.

[57] Aus der amtlichen Sammlung: Jb. 2, 77; 2, 302; 4, 188; 4, 189; 7, 43; 9, 15; 9, 23; 9, 216; 11, 135; 11, 313; 11, 315; 12, 19; 13, 304; 14, 219; 14, 222; 15, 26; 15, 309; 16, 145; 16, 148; 16, 219; 17, 296; 17, 297; 19, 347; 19, 349; 21, 204; 21, 205; 21, 209; 26, 26; 26, 162; 27, 91; 27, 95; 27, 249; 27, 254; 28, 269; 29, 30; 29, 153; 29, 159; 29, 160; 32, 286; 34, 10; 35, 109; 36, 21; 36, 213; 36, 218; 38, 218; 38, 302; 38, 306. Die Entscheidungen ab Jb. 38, 218 beziehen sich auf das BauG 1932 (GBl. S. 133).

merkt die verwaltungsprozessuale Situation der in Preußen vergleichbar: Enumerativsystem, verbunden mit einer beschränkten Generalklausel für die Anfechtung behördlicher Verfügungen, die im Sinne einer Klagebefugnis bei Verletzung in einem eigenen Recht gedeutet wird.

a) Die rechtliche Ausgangssituation

aa) Vor 1900

Bis 1900 fehlte es in Sachsen an den materiell- und prozeßrechtlichen Voraussetzungen einer öffentlichrechtlichen Baunachbarklage. In „Verhältnissen des öffentlichen Rechts" war der Rechtsweg nur für wenige enumerierte Angelegenheiten statthaft[58]. Im übrigen entschieden die Verwaltungsbehörden[59]. Einziger Rechtsbehelf war der Administrativ-Rekurs. Schutz durch Verwaltungsgerichte gab es nicht[60]. – Das materielle öffentliche Baurecht war in einer „für Städte" und einer „für Dörfer" geltenden Baupolizeiordnung[61] enthalten, ergänzt durch Einzelgesetze. Die Bauordnungen beschränkten sich weitgehend auf reines Polizeirecht. Planungsrecht gewann erst langsam in Spezialgesetzen Raum[62]. Grundsätzlich war das Landesbaurecht dem Ortsbaurecht subsidiär[63]. Obgleich das materielle Baurecht auch den Schutzbedürfnissen und Verhältnissen der Nachbargrundstücke Rechnung tragen sollte, fehlte eine allgemeine Bestimmung, wonach bei der Erteilung von Dispensen Nachbarinteressen zu berücksichtigen waren[64]. Immerhin wurden Nachbarwidersprüche gegen Bauvorhaben zugelassen[65]. Gerichtlichen Rechtsschutz fand der Nachbar nur nach den Bestimmungen des Sächs.BGB von 1863/65, das zwar in §§ 357-360 einige die Nutzungsfreiheit des Grundeigentümers einschränkende Bestimmungen über „Bauanlagen zum Nachtheile des Nachbars" enthielt, als Grundregel aber das Recht freier Grundstücksnutzung proklamierte, „selbst wenn in dessen Folge der Nachbar an den Nutzungen seines Grundstücks Abbruch erleiden sollte" (§ 352).

---

58 „A.-Gesetz" v. 28. 1. 1835 (GVBl. S. 55), §§ 6-12.

59 „A.-Gesetz" § 8; „D.-Gesetz" v. 30. 1. 1835 (GVBl. S. 88), §§ 1 f., 31 f.

60 Zur Rechtslage vor Inkrafttreten des VerwRPflG siehe Leuthold, Sächs. Verwaltungsrecht, §§ 13, 60-62; Bühler, Subjektive öffentliche Rechte, S. 414-416.

61 GVBl. 1863 S. 682, 680; Neufassung GVBl. 1869 S. 55, 80. Überblick über die Rechtslage vor Inkrafttreten des Allg.BauG bei Rumpelt, Baugesetz, Einl. S. 1-5.

62 GewerbeG 1861, GVBl. S. 187; Verordnung v. 6. 7. 1863, GVBl. S. 646; Ges. über die Landes-Immobiliar-Brandversicherungsanstalt von 1876 (GVBl. S. 345), §§ 125 ff.

63 Leuthold, Sächs. Verwaltungsrecht, S. 227 Anm. 1.

64 Bestimmungen über das Dispensationsrecht sind meist in den ortsgesetzlichen Bauvorschriften getroffen; doch wird unabhängig hiervon die Erteilung von Ausnahmebewilligungen für zulässig gehalten; Rumpelt, Baugesetz, § 7 Anm. 1.

65 Vgl. die AusführungsV v. 1863 zur Regelung des Genehmigungsverfahrens (GVBl. S. 646), § 33 Nr. 1.

bb) Das neue Recht

Das Allgemeine Baugesetz (BauG) vom 1. Juli 1900[66] zeichnet sich durch ein vollentwickeltes Planungsrecht aus. Das sozialpolitisch motivierte Gesetz[67] erhebt den Bebauungsplan mit eingehenden Festsetzungen über Art und Maß der baulichen Nutzungen zur Grundlage der kommunalen Bauentwicklung. Das BauG ist unmittelbar und vorrangig geltendes Recht. Für den öffentlichrechtlichen Nachbarschutz bedeutsam wird die Regelung über Ausnahmen und Befreiungen[68] sowie das Verfahren bei Widersprüchen Dritter. § 7 Abs. 1 verfügt, daß Ausnahmen (und Befreiungen), „durch welche Rechte oder rechtlich geschützte Interessen Dritter berührt werden, nur nach Gehör der Beteiligten bewilligt werden" sollen. Nach § 153 Abs. 1 ist über Drittwidersprüche gegen ein Bauvorhaben nach Gehör des Anzeigenden zu entscheiden.

§ 73 VerwRPflG führt acht Arten von Streitigkeiten auf, in welchen den „*Beteiligten*" gegen Behördenentscheidungen die Anfechtungsklage zusteht. Auf eine beschränkte Generalklausel läuft die Eröffnung der Klage gegen zweitinstanzliche Entscheidungen des Innenministeriums, der Kreishauptmannschaften oder der Amtshauptmannschaften (Nr. 1) hinaus. Gemäß § 76 kann die Anfechtungsklage nur darauf gestützt werden, daß die Entscheidung auf der Verletzung bestehenden Rechts beruhe oder in dem vorangegangenen Verfahren eine wesentliche Formvorschrift mißachtet worden sei. Mit diesen Regelungen wollte der Gesetzgeber die Schwierigkeiten mit dem subjektiven öffentlichen Recht umgehen[69], doch hat er die Probleme nur in den Begriff des „Beteiligten" verschoben. In der Folge führt das OVG die zur Anfechtungsklage befugende Beteiligtenstellung darauf zurück, daß der Kläger geltend machen könne, in einem subjektiven öffentlichen Recht verletzt zu sein[70].

b) Die Rechtsprechung zur öffentlichrechtlichen Baunachbarklage

aa) „Beteiligter" und subjektives öffentliches Recht des Nachbarn

Zur Bestimmung des nach § 73 Nr. 1 VerwRPflG Anfechtungsbefugten rekurriert das OVG auf die Motive, denen zufolge „Beteiligter" derjenige ist, „über den die Entscheidung der Verwaltungsbehörden ergangen ist, und die also bestimmt, was für ihn im vorliegenden Fall Rechtens sein soll". Dabei wird ein Zusammenhang zur Vorstellung eines vor Eingriffen zu schützenden

[66] Zur Gesetzgebungsgeschichte Rumpelt, Baugesetz, Einl. S. 9-17.

[67] Dazu Rumpelt, Einl. S. 25-32; ders., FischersZ 22, 1 (3, 6-13).

[68] Dazu Rumpelt, FischersZ 22, 1 (14-16). Terminologisch unterscheidet das BauG nicht zwischen Ausnahmen i.e.S. und Befreiungen.

[69] Dazu eingehend Apelt, Verwaltungsrechtspflegegesetz, Einl. S. 50 ff.; Bühler, Subjektive öffentliche Rechte, S. 418-422.

[70] OVG v. 16. 7. 1902, Jb. 3, 145 (148 f.); v. 14. 10. 1908, Jb. 13, 4 (8).

„Rechtskreises" hergestellt[71] und in einem weiteren Schritt der Eingriff in den Rechtskreis gleichgesetzt mit einem Eingriff in den „rechtlich geschützten Interessenkreis"[72]. Die Entscheidung über den Bauantrag sei, wenn sie den geschützten Interessenkreis des Nachbarn verletze, gleichzeitig mit über ihn ergangen. Die Begriffskette lautet: Beteiligter – subjektives Recht – Rechtskreis – rechtlich geschützter Interessenkreis resp. rechtlich geschütztes Interesse. Die Beteiligteneigenschaft bestimmt sich von der durch den Hoheitsakt betroffenen individuellen Schutzposition her, die es aus der verletzten materiellen Baurechtsnorm zu begründen gilt. Der Kläger muß nicht Entscheidungsadressat sein. Es genügt mittelbare Betroffenheit[73].

Der „Rechtskreis", der „rechtlich geschützte Interessenkreis" oder das „rechtlich geschützte Interesse" ist das gesuchte subjektive öffentliche Recht, dessen behauptete Verletzung zur Klage befugt. Ob die angefochtene Baugenehmigung in den Rechtskreis des Nachbarn eingreift, beurteilt das OVG nach der Schutzrichtung der verletzten Norm. Diese muß dazu bestimmt sein, „die Interessen (!) und Rechte des Nachbars zu schützen"[74]. Die nachbarschützende Norm konstituiert das rechtlich geschützte Interesse, in welches die Genehmigung des normwidrigen Vorhabens „eingreift". Die eigentliche Begründung für die Anerkennung von Drittrechten ist eine rein funktionale: Wenn nicht das Widerspruchsrecht (§ 153 Abs. 1 BauG) des Nachbarn (§ 7 Abs. 1 BauG) „vollständig illusorisch" sein solle, müsse ihm eine „materiellrechtliche" Bedeutung in dem Sinne beigemessen werden, daß der Widerspruch „sachlich zu prüfen und über ihn sachlich zu entscheiden" ist[75].

Demgegenüber ist der – durchaus zeittypische – Hinweis auf die grundsätzliche strikte Gesetzesbindung der Bauverwaltung als Argument für die Nachbarklage vordergründig. Fehlendes Ermessen ist notwendige, nicht hinreichende Bedingung des subjektiven Rechts. Die Kernfrage: Wann entspricht einer durch objektives Recht begründeten Verpflichtung ein Anspruch des Begünstigten auf pflichtgemäßes Verhalten? wird, wenn man allein auf den bindenden Normcharakter abstellt, übersprungen. Die Ausführungen des Gerichts kaschieren kaum, daß es sich bei der Zulassung der Nachbaranfechtungsklage gegen die Baugenehmigung wegen Verletzung „nachbarschützenden" öffentlichen Baurechts um Rechtsfortbildung contra legem handelt[76]. Nach § 7 Abs. 1 Satz 1 BauG *sollen* Ausnahmen, „durch welche Rechte oder rechtlich geschützte Interessen Dritter berührt werden, nur nach Gehör der Beteiligten bewilligt werden". Von einer *Berechtigung* des in seinem „geschützten" (?) Interesse Berührten, die über eine Verfahrensbeteiligung hinaus zu verwaltungsgerichtlicher Klage befugen würde, ist im Gesetz keine Rede. Die Gesetzesbegründung, derzufolge wohlerworbene Rechte

---

[71] OVG v. 18. 5. 1901, Jb. 1, 52 (53); v. 28. 8. 1901, Jb. 1, 205 (208).

[72] OVG v. 12. 4. 1902, Jb. 2, 302 (303).

[73] OVG v. 14. 10. 1908, Jb. 13, 4 (9).

[74] OVG v. 26. 3. 1902, Jb. 2, 77 (78).

[75] OVG v. 12. 4. 1902, Jb. 2, 302 (303).

[76] Vgl. Apelt, Verwaltungsrechtspflegegesetz, § 76 Anm. 13.

unbedingt und gesetzlich geschützte Interessen nur „tunlichst" gewahrt werden sollten[77], spricht dagegen.

Als direkter Urheber des Eingriffs in den nachbarlichen Rechtskreis gilt dem OVG die Genehmigungsbehörde. Die Baugenehmigung ist zwar zunächst Unbedenklichkeitsfeststellung[78]. Sie ist aber auch, indem sie ein rechtlich geschützte Interessen Dritter „berührendes" Vorhaben für zulässig erklärt, Ausspruch darüber, was für diese „Rechtens" sei[79]. Dem Dritten, der in seinem rechtlich geschützten Interesse verletzt wird, erwächst gegen die Behördenentscheidung ein „materielles Widerspruchsrecht"[80], dem die Anfechtungsklage Geltung verschafft.

bb) Die Rechtsprechung im einzelnen

Ein *allgemeines* materielles Widerspruchsrecht gegen Bauvorhaben steht Dritten nicht zu, selbst wenn sie an einem „Rechtsgut" gefährdet sind[81]. Erforderlich ist der Nachweis eines durch Einzelvorschriften des BauG, der baurechtlichen Ortsgesetze oder der Bebauungspläne geschützten Interesses. Dieses ist für jede verletzte Bestimmung gesondert nach den üblichen Auslegungsmethoden – Wortlaut, Zweck, systematischer Zusammenhang, Entstehungsgeschichte – zu prüfen.

Von den Bestimmungen des BauG erkennt das OVG als nachbarschützend an die Abstandsvorschrift des § 95 Abs. 1[82], die Grenzabstandsregelungen für Fenster und andere Lichtöffnungen, Balkone, Erker etc. in § 97 Abs. 2[83], die Bestimmungen über die Höhe an Straßen stehender Gebäude zugunsten der Nachbarn gegenüber (§ 92 Abs. 1)[84] sowie über den rückwärtigen Grenzabstand von Hintergebäuden (§ 104 Abs. 2)[85]. Verneint wird Nachbarschutz für das Gebot der Zugänglichkeit des Baugrundstücks von einem öffentlichen Weg (§ 82)[86], für die Bestimmung, daß durch ein Vorhaben die Nachbargrundstücke nicht durch Rauch und bestimmte andere Immissionen „geschä-

---

[77] Rumpelt, Baugesetz, Einl. S. 34, § 7 Anm. 1 u. 2; Krüger, FischersZ 34, 269 (277).

[78] OVG v. 2. 12. 1903, Jb. 5, 152 (153); v. 29. 5. 1907, Jb. 10, 341; v. 31. 8. 1910, Jb. 16, 145 (146).

[79] OVG v. 12. 4. 1902, Jb. 2, 302 (303).

[80] OVG v. 13. 4. 1910, Jb. 15, 309; v. 24. 3. 1922, Jb. 27, 91.

[81] OVG v. 13. 4. 1910, Jb. 15, 309; v. 6. 12. 1912, Jb. 19, 347 (348).

[82] OVG v. 13. 9. 1911, Jb. 17, 297 (299).

[83] OVG v. 15. 2. 1905, Jb. 7, 43; v. 14. 10. 1908, Jb. 13, 4 (7 ff.); v. 19. 3. 1910, Jb. 15, 320 u. öfter.

[84] OVG v. 4. 3. 1903, Jb. 4, 188; v. 13. 7. 1923, Jb. 27, 254; v. 24. 4. 1925, Jb. 29, 153 (158).

[85] OVG v. 20. 3. 1914, Jb. 21, 205 (208); v. 16. 10. 1931, Jb. 36, 213.

[86] OVG v. 24. 3. 1922, Jb. 27, 91 u. v. 5. 1. 1923, S. 95; v. 17. 3. 1931, Jb. 36, 21.

digt oder in erheblicher Weise belästigt" werden dürfen (§ 86 Satz 1)[87]; für die Anordnung unbebauter Grundstücksflächen vor und hinter den Gebäuden in einem Umfang, daß „den sie umgebenden Gebäuden der nötige Licht- und Luftzutritt nicht entzogen wird" (§ 100)[88]; für die Bestimmungen über die Bautiefe von Wohngebäuden (§ 102)[89] und den Grenzanbau von Nebengebäuden (§ 104 Abs. 1)[90]; für das Erfordernis der ortsgesetzlichen Anordnung von offener oder geschlossener Bauweise (§ 94 Satz 1) oder der Aufstellung eines Bebauungsplans zur Erschließung unbebauten Geländes[91].

Die Judikatur zur nachbarschützenden Wirkung von ortsrechtlichen Baubestimmungen bietet ein weniger einheitliches Bild. Hier bejaht das OVG nach anfänglicher Ablehnung[92] bald die nachbarschützende Wirkung von Bestimmungen über offene Bauweise und seitliche Grenzabstände[93]. Als regelmäßig nicht nachbarschützend gelten Bauvorschriften über Gebäudeabstände auf demselben Grundstück[94]. Abweichend von seiner restriktiven Haltung zu den *landes*rechtlichen Bestimmungen über das Maß der Grundstücksnutzung (§ 100 BauG) entnimmt das Gericht wiederholt *orts*gesetzlichen Bebauungsbeschränkungen für bestimmte Bauklassen ein subjektives Nachbarrecht auf ihre Einhaltung[95]. Zur Begründung dient erst der Zusammenhang mit dem „in Wechselwirkung stehenden Interesse der beteiligten Grundstücksbesitzer"[96], später der ortsbaurechtliche Vorbehalt, daß Ausnahmen nur bei Unbedenklichkeit hinsichtlich der angrenzenden Wohnbebauung bewilligt werden dürfen[97]. 1929 wird diese Rechtsprechung aufgegeben[98]. Ein geschütztes Nachbarrecht auf Erhaltung des Gebietscharakters kommt nur noch in krassen Fällen wie der Erbauung einer Kaserne oder Gefangenenanstalt in einem Villenviertel in Betracht, wenn nicht allein ideelle Interessen berührt sind, sondern den Nachbargrundstücken schwere materielle Entwertung droht[99]. Ohne weiteres

---

[87] OVG v. 3. 10. 1909, Jb. 14, 219; v. 24. 4. 1925, Jb. 29, 153 (157).

[88] OVG v. 26. 3. 1902, Jb. 2, 77; v. 26. 5. 1906, Jb. 9, 23; v. 23. 2. 1907, Jb. 10, 135; v. 1. 12. 1909, Jb. 15, 26 u. öfter.

[89] OVG v. 13. 11. 1907, Jb. 11, 313; v. 30. 11. 1907, Jb. 11, 315; v. 8. 11. 1912, Jb. 19, 349.

[90] OVG v. 20. 3. 1909, Jb. 13, 304; v. 16. 10. 1909, Jb. 14, 222; v. 17. 9. 1910, Jb. 16, 148. – Anders zunächst Urt. v. 15. 7. 1903, Jb. 4, 189.

[91] OVG v. 9. 8. 1911, Jb. 17, 296; v. 30. 10. 1909, Jb. 14, 219.

[92] OVG v. 25. 7. 1906, Jb. 9, 216 (219).

[93] OVG v. 19. 5. 1906, Jb. 9, 15; v. 20. 7. 1907, Jb. 11, 133 (135); v. 22. 1. 1908, Jb. 12, 19.

[94] OVG v. 24. 8. 1907, Jb. 11, 135; v. 19. 11. 1920, Jb. 26, 26.

[95] OVG v. 6. 2. 1914, Jb. 21, 204; v. 20. 4. 1923, Jb. 27, 249; v. 23. 2. 1925, Jb. 29, 30; v. 7. 7. 1925, Jb. 29, 159 (160).

[96] OVG v. 6. 2. 1914, Jb. 21, 204.

[97] OVG v. 20. 4. 1923, Jb. 27, 249 (252); v. 23. 2. 1925, Jb. 29, 30 (32).

[98] OVG v. 14. 5. 1929, Jb. 34, 10 (12-14).

[99] OVG v. 23. 11. 1910, Jb. 16, 219 (220, 222).

als nachbarschützend gelten Verbote gewerblicher und sonstiger belästigender Anlagen für bestimmte Baugebiete[100].

Die Nachbarrechtsprechung des Sächs.OVG unterliegt Schwankungen, ohne jedoch eindeutig restriktive oder expansive Phasen zu durchlaufen. Modifikationen früherer Standpunkte ergeben sich aus der fortgesetzten Vernünftigkeitskontrolle gefundener Lösungen an immer neuen Sachverhalten und in Reaktion auf Kritik aus der Baupraxis. So räumt das Gericht dem Nachbarn anfangs eine ausgesprochen starke Position insofern ein, als eine konkrete Beeinträchtigung nicht gefordert wird[101]. Durch Ausnahmebewilligung soll dieser Nachbarschutz nur dann überwunden werden können, wenn es „durch überwiegende Rücksichten auf das öffentliche Wohl geboten" erscheint[102]. Als die für den Städtebau mißlichen Konsequenzen eines solch „absoluten Nachbarschutzes" offenbar werden, verlangt das Gericht fortan eine *konkrete* und für die Genehmigungsbehörde (!) *erkennbare* Rechtsbeeinträchtigung[103]. Das *ideelle* Interesse an der Wahrung eines bestimmten Gebietscharakters soll keinen subjektivrechtlichen Schutz genießen. Mitte der 20er Jahre läßt das OVG allerdings ideelle Beeinträchtigungen genügen, wenn nur die Schutznorm *eindeutig* ist (numerische Festsetzungen)[104]. Seit 1923 hebt es die Baugenehmigung unabhängig von der Verletzung einer Schutznorm auf, wenn bei der einer Ausnahmebewilligung zugrunde liegenden *Interessenabwägung* das Ausmaß der Beeinträchtigung des Nachbarn verkannt worden ist, die Behörde sich bei der Prüfung der Nachbarbelange auf subjektive Rechte beschränkt hat oder bei Ausübung des Ermessens von unzutreffenden rechtlichen oder tatsächlichen Erwägungen ausgegangen ist[105].

Öffentlich-baunachbarrechtlich geschützt werden ausschließlich Eigentümer. Mietern versagt das Gericht ein klagbares Widerspruchsrecht, um nicht die Möglichkeit eines Konflikts zwischen der Zustimmung des Eigentümers und dem Widerspruch des Mieters zu eröffnen[106].

---

100 OVG v. 20. 4. 1923, Jb. 27, 249 (250); v. 4. 7. 1930, Jb. 35, 109.

101 OVG v. 22. 1. 1908, Jb. 12, 19.

102 OVG v. 12. 4. 1902, Jb. 2, 302 (304); v. 15. 7. 1903, Jb. 4, 189 u. öfter.

103 OVG v. 23. 11. 1910, Jb. 16, 219 (219 f.); v. 20. 4. 1923, Jb. 27, 249 (253) u. öfter. – Den Ausschlag für diese Wendung dürfte die eindringliche Kritik Krügers, FischersZ 34, 269 ff., gegeben haben.

104 OVG v. 24. 4. 1925, Jb. 29, 153 (158); v. 27. 4. 1934, Jb. 38, 302; v. 4. 5. 1934, Jb. 38, 306 (308).

105 OVG v. 5. 1. 1923, Jb. 27, 95 (99); v. 7. 7. 1925, Jb. 29, 159 (159 f.); v. 17. 3. 1931, Jb. 36, 21 (22).

106 OVG v. 1. 12. 1928, Jb. 32, 286 (287).

cc) Die Kriterien nachbarschützender Normqualität

Der nachbarschützende Gehalt einer Baurechtsvorschrift soll vom Willen des Gesetzgebers abhängen. Tatsächlich läuft die Handhabung des BauG durch das OVG weniger auf eine Rekonstruktion des hypothetischen Willens des Gesetzgebers als vielmehr eine wertende Normergänzung im Sinne des vom Gericht für recht und billig Befundenen hinaus. Den leitenden Gedanken bei der Zuerkennung nachbarschützender Normwirkung faßt das OVG in der Formel zusammen, es müsse sich um Vorschriften handeln, die „nach Gegenstand und Inhalt gewisse über die Grenzen des Baugrundstücks hinausgehende Wirkungen äußern“[107]. Das ist tautologisch, insofern eine Vorschrift über das Baugrundstück hinausgehende Wirkungen nur äußert, wenn sie angrenzende Grundstücke ebenfalls in ihrer Nutzung einschränkt oder entsprechend der Einschränkung des Baugrundstücks berechtigt. Letzteres ist gerade die Frage. Ob die verletzte Vorschrift nachbarschützende Wirkung entfaltet, kann nur eine von komplexen Wertungen und Abwägungen getragene Entscheidung feststellen. Genau so geht realiter das OVG vor. Zunächst wird nach relevanten Schutzgütern der Nachbarschaft, z. B. gesundheitliches Interesse an Licht- und Luftzufuhr, gefragt. Läßt sich ein Bezug zu der verletzten Vorschrift herstellen, ist für Vorschriften, die nur im engen Nachbarschaftsbereich wirken, die nachbarschützende Wirkung regelmäßig zu bejahen[108].

In welchem Maße wertungsabhängig die Feststellung „hinübergreifender“ Normgehalte sein kann, verdeutlicht die Rechtsprechung zum Maß der Grundstücksbebauung. Seine zunächst kaum verständliche These, daß die Bestimmung, derzufolge hinter Gebäuden in einem für die notwendige Licht- und Luftversorgung der Nachbargebäude genügenden Umfang unbebaute Flächen bleiben müssen, die Bebauung allein vom Standpunkt des Baugrundstücks „ohne Rücksicht auf die Verhältnisse des Nachbargrundstücks“ regele[109], untermauert das OVG erst Jahre später mit der Erwägung, daß bei Gewährung von Nachbarschutz die Unbilligkeiten für den Bauwerber viel schwerer wögen als bei der Versagung von Nachbarschutz die Nachteile für den Nachbarn. Denn die Freiheitsbeschränkung des einen und die Berechtigung des anderen hinge dann allein davon, in welchem Umfang die Nachbarn ihre Grundstücke „bereits mehr oder weniger dicht und unzweckmäßig bebaut haben“[110]. Letztlich wird das Gericht hier mit den Folgewirkungen seiner rigorosen Anforderungen an die Ausnahmebewilligung von nachbarschützenden Vorschriften, die „durch überwiegende Rücksichten auf das öffentliche Wohl geboten“ sein müssen[111], konfrontiert. Um aus diesem Dilemma herauszukommen, muß es eine nachbarschützende Qualität der Vorschrift leugnen. Dieser Konsequenz versucht es in einem weiteren Schritt durch die Anerkennung einer nachbarschützenden Wirkung von *orts*gesetzlichen Bestimmungen über das Maß der bauli-

---

[107] OVG v. 24. 8. 1907, Jb. 11, 135 (137); v. 25. 4. 1906, Jb. 9, 216 (218).
[108] Vgl. OVG v. 20. 7. 1907, Jb. 11, 133 (135).
[109] OVG v. 26. 3. 1902, Jb. 2, 77 (78).
[110] OVG v. 8. 11. 1912, Jb. 19, 349 (350 f.).
[111] Nachweise in Anm. 102.

chen Nutzung die Spitze zu nehmen. Auch diese Rechtsprechung hat indes, wie gesehen, keinen Bestand. Die Ausuferungstendenzen zu Lasten der Baufreiheit machen eine Kurskorrektur notwendig.

Die Bereitschaft, subjektivrechtlichen Nachbarschutz zu gewähren, endet, wo das verletzte Gebot inhaltlich unklar oder der Kreis der Begünstigten konturenlos ist. Paradigma ist die Unbeachtlichkeit der „ideellen" Nachbarinteressen an der Wahrung des gesetzmäßigen Gebietscharakters. Sind hingegen die Festsetzungen (Gebäudehöhe, Grenzabstand) und die Begünstigten unmißverständlich, wird auch ideelles Interesse geschützt. Eindeutigkeit der Norm, Beschränkung der Baufreiheit, Beeinträchtigung und Schutzwürdigkeit des Nachbarn treten, gleich einem System kommunizierender Röhren, in Relation. Erhöhte Schutzbedürftigkeit kann geringe Normklarheit aufwiegen und Eingrenzbarkeit des Kreises der Berechtigten begründen. Gegenüber kraß gebietsinadäquaten Nutzungen wie der Kaserne oder dem Gefängnis im Villenviertel oder der lästigen Gewerbeanlage im Wohngebiet wird die öffentlichrechtliche Nachbarklage zugelassen[112].

dd) Die tragenden Grundwertungen

Die drei Eingangssätze in der Leitentscheidung vom 12. April 1902[113] geben den großen Kurs der öffentlich-baunachbarrechtlichen Judikatur des Sächs. OVG vor: *„Durch die (orts-)gesetzliche Regelung der Bebauung erhält das wirtschaftliche und ideelle Interesse, welches jeder Besitzer bebauungsfähiger Grundstücke an deren baulicher Ausnutzung naturgemäß hat, den Charakter eines zugleich auch rechtlich geschützten Interesses. Es wird hierdurch eine gesetzliche Gewähr ... auch dafür geschaffen, daß eine andere Bebauung als die (orts-)gesetzlich festgestellte nicht stattfinden darf. Das (Orts-)Gesetz verleiht somit dem in seinem Geltungsbereiche gelegenen Grund und Boden eine ganz bestimmte baurechtliche Eigenschaft, die ihm nicht ohne Weiteres genommen werden kann, und schafft die wesentliche Grundlage für seine wirtschaftliche Bewerthung"*.

Der erste Satz spricht die grundsätzliche Möglichkeit des subjektivrechtlichen Schutzes privater Interessen durch öffentliches Baurecht aus; eine in ihrer Apodiktik seinerzeit sensationelle Aussage. Der zweite Satz umschreibt den Inhalt des vom öffentlichen Baurecht vermittelten subjektivrechtlichen Interessenschutzes. Der dritte nennt das schon im ersten anklingenden Motiv für die Zuerkennung subjektiv-öffentlicher Nachbarrechte: die wirtschaftliche Bedeutung des das „private" Grundeigentum überlagernden öffentlichen Bau- und insbesondere Bauplanungsrechts. Indem das öffentliche Baurecht dem

---

[112] OVG v. 23. 11. 1910, Jb. 16, 219 (220); v. 20. 4. 1923, Jb. 27, 249 (250); v. 4. 7. 1930, Jb. 35, 109.

[113] Jb. 2, 302 (302 f. – Klammern vom Verf. hinzugefügt).

Grund und Boden eine „bestimmte baurechtliche Eigenschaft“ verleiht, überformt es die Bodennutzungsordnung des Privatrechts, die von prinzipieller Handlungsfreiheit innerhalb der jeweiligen Grundstücksgrenzen und Rechtlosigkeit außerhalb geprägt ist, durch eine öffentlichrechtliche Ordnung wechselseitiger grenzüberschreitender Rücksichtnahmeverpflichtungen und -berechtigungen, als deren Vermittlungsinstanz die konfliktentscheidende Baubehörde fungiert.

In der Absicht des sächsischen Baugesetzgebers hatte das nicht gelegen. Dieser verfolgte mit der eingehenden Ausgestaltung der Ausnahmebewilligung den Zweck, die materielle Baufreiheit der Grundstückseigentümer so weit zu verwirklichen, wie es örtliche Gegebenheiten sowie gesundheitliche und soziale Belange zuließen[114]. Die Zuerkennung subjektiv-öffentlicher Nachbarrechte, zumal in Verbindung mit der rigorosen Beschränkung der behördlichen Ausnahmebewilligungskompetenz, hat das gerade Gegenteil bewirkt. Wenn auch das OVG gegen alle Kritik[115] seinen nachbarfreundlichen Kurs im Großen beibehält, muß es doch, wie gesehen, wiederholt Korrekturen vornehmen, um nicht die Interessen der Bauherren allzu sehr zurückzusetzen.

Nach der Anerkennung eines Nachbaranspruchs auch auf ermessensfehlerfreie Berücksichtigung von Belangen, die an sich nicht subjektivrechtlich geschützt sind, ist aus dem ursprünglichen starren zweigleisigen System ein viergleisiges von größerer Elastizität geworden: (1) Vorschriften ohne jeden Nachbarbezug; (2) nicht eigentlich nachbarschützende Vorschriften, deren Einhaltung jedoch indirekt über einen Anspruch auf ermessensfehlerfreie Abwägung bei der Bewilligung von Ausnahmen erreicht werden kann; (3) Vorschriften über die Gebietseigenart, die vor kraß gebietsinadäquaten Nutzungen schützen; (4) regelmäßig nachbarschützende Vorschriften, deren Verletzung aber nur bei konkreter Betroffenheit geltend gemacht werden kann. Problematisch, weil einseitig zu Lasten des Bauwerbers ausschlagend, ist allerdings die starke Restriktion von Ausnahmebewilligungen.

Die Sachgerechtigkeit dieser um einen gerechten und billigen Interessenausgleich zwischen Bauwerbern und Nachbarn bemühten Rechtsprechung erkennt auch der Gesetzgeber des BauG von 1932[116] an. Der neue § 7 Abs. 2 macht die Zulässigkeit von Ausnahmen, „durch die ... rechtlich geschützte Belange Dritter, insbesondere durch Herbeiführung von erkennbaren Nachteilen gesundheitlicher, wirtschaftlicher oder ideeller Art verletzt werden“, grundsätzlich von der Zustimmung der Betroffenen abhängig (Satz 1). Nur

---

[114] Rumpelt, FischersZ 22, 1 (14 f.).

[115] Eingehende Rechtsprechungskritik bei Krüger, FischersZ 34, 269 (272 ff., 283); außerdem Apelt, Verwaltungsrechtspflegegesetz, § 76 Anm. 17; Rumpelt, Baugesetz, § 7 Anm. 3.

[116] GBl. S. 133.

teilweise folgt der Gesetzgeber dem OVG allerdings bei den Voraussetzungen, unter denen die Genehmigungsbehörde sich über einen Nachbarwiderspruch hinwegsetzen darf. Hierzu genügt es, daß „überwiegende öffentliche Belange ... die Bewilligung der Ausnahme rechtfertigen" (Satz 2), in welchem Fall der Nachbar durch den Bauherrn zu entschädigen ist (Sätze 3-6). Damit verfügt das öffentliche Baunachbarrecht in Sachsen über eine Ausgleichsregelung, die gewissermaßen § 906 Abs. 2 Satz 2 BGB vorwegnimmt.

5. Bestimmungsgründe der gegensätzlichen Judikaturen zur öffentlichrechtlichen Baunachbarklage

Aus Unterschieden der Verwaltungsprozeßrechte resultieren die gegensätzlichen Judikaturen des Preuß.OVG und des Württ.VGH auf der einen, des Braunschw.VGH und des Sächs.OVG auf der anderen Seite *nicht*. In allen Staaten hängt die Zulässigkeit der Anfechtungsklage von der Behauptung einer Verletzung in einem subjektiven Recht durch die Behördenentscheidung ab. Die Ursachen liegen im materiellen Verwaltungsrecht und im Verwaltungsverfahrensrecht.

Die Baugenehmigung stellt fest, daß dem Vorhaben keine baupolizeilichen Bedenken entgegenstehen. Sie ergeht „unbeschadet privater Rechte Dritter" und zeitigt Bindungswirkung direkt nur für die Baubehörden, indirekt (Auflagen) für den Genehmigungsempfänger. Wie ist es vor dem Hintergrund dieses allen Gerichten gemeinsamen Ausgangspunktes möglich, daß Preuß.OVG und Württ.VGH der Baugenehmigung generell bzw. grundsätzlich eine Eingriffswirkung für subjektive Nachbarrechte absprechen, Braunschw.VGH und Sächs.OVG hingegen einen Rechtseingriff bei der Verletzung nachbarschützender Baurechtsnormen bejahen können?

Die Gründe der divergierenden Judikaturen liegen in unterschiedlichen Auffassungen vom Grundeigentum an der Schnittstelle von Privatrecht und öffentlichem Recht. Auf der einen Seite die in Reinform vom Preuß.OVG repräsentierte dualistische Konzeption, derzufolge sich in der Person des Eigentümers privatrechtliche *Nutzungsfreiheit* und öffentlichrechtliche Freiheitsbeschränkung gleich einer horizontalen und einer vertikalen Regelungsebene ohne inhaltliche Berührung überkreuzen. Dem steht eine synthetische Konzeption gegenüber, in welcher sich privates Eigentumsrecht und eigentumsbezogenes öffentliches Recht zu einem öffentlichrechtlich dominierten Regime einer *Eigentumsbewirtschaftung* verbinden, die jedem das Seine *zuteilt*.

Die dualistische Konzeption des Preuß.OVG nimmt ihren Ausgang vom „privaten" Eigentumsrecht zur Nutzung des Grundstücks innerhalb seiner Grenzen. Im Streit wegen störender Grundstücksnutzung ist es prima facie der anfechtende Nachbar, der sich das Recht zum Eigentumseingriff anmaßt. Die ein „formales“ Bauverbot aufhebende Baugenehmigung gibt lediglich die Ausübung einer Nutzungsbefugnis frei, die als solche aus dem Privateigentum fließt. Eine Störung des Nachbarn ist dem Bauherrn, nicht der Genehmigungsbehörde zuzurechnen. Folglich wird auch mit dem Ansinnen an die Behörde, die Genehmigung zu versagen oder sonst einzuschreiten, nicht ein Anspruch auf Unterlassung eines Rechtseingriffs, sondern ein solcher auf Gesetzesvollziehung geltend gemacht, der, wo er nicht generell ausgeschlossen wird (Preußen), jedenfalls sehr viel strengeren Anforderungen unterliegt (Württemberg).

Das Sächs.OVG hat mit der Aussage, daß das Baurecht dem Boden eine „ganz bestimmte baurechtliche Eigenschaft“ verleiht[117], die Weiche in eine andere Richtung gestellt. Als „baurechtliche Eigenschaft“ lassen sich auch Vorteile auffassen, die beabsichtigte Folgen einer Nutzbarkeitsbeschränkung des anderen Grundstücks sind. Die eine unzulässige Nutzung freigebende Baugenehmigung mag dann unbeschadet *privatrechtlich normierter* Rechte Dritter ergehen. Sie ist aber doch, indem sie von der baugesetzlichen Grundordnung abweichende Nutzungsbefugnisse zuteilt, mit einem Eingriff in die durch öffentliches Recht begründete „baurechtliche Eigenschaft“ des geschützten Grundstücks verbunden.

Woher der grundsätzliche Auffassungsunterschied? Ist nicht angesichts der Scheidung von öffentlichrechtlichen und privatrechtlichen Eigentumsbeschränkungen in Artt. 111, 124 EGBGB und der in § 903 BGB statuierten prinzipiellen Eigentümerfreiheit die dualistische Konzeption auch für das Sächs.OVG zwingend? Und wenn dieses sich darüber hinwegsetzte: warum nicht ebenso das Preuß.OVG? – Die Antwort dürfte in der Beschaffenheit der jeweiligen Baurechte zu finden sein. Für das preußische Baurecht kennzeichnend sind das Fehlen gesamtstaatlicher und parlamentsgesetzlicher Regelungen, hochgradige lokale Zersplitterung und lange Zeit eine geringe Regelungsdichte. Ihrer Lückenhaftigkeit wegen werden die Baupolizeivorschriften zunächst nur als „Richtschnur“ für die Behörden angesehen, denen im Einzelfall „freie Hand“ gelassen ist[118]. Ein weiterer Faktor ist die mindere Normqualität des preußischen Baurechts. Solange es vornehmlich in Polizeiverordnungen geregelt ist, erscheint es als bloße „Selbstbeschränkung der Polizei“[119], die nicht zur Abgrenzung oder Gestaltung individueller Rechtskreise beiträgt. Zudem leistet in Preußen die verfassungsrechtliche Gewährleistung des Eigentums (Art. 9 Verfassungsurkunde) einer ausgeprägt polizeirechtlichen Auffassung Vorschub[120]. Ein *eigentumsgestaltendes* Baurecht bedürfte parlamentsge-

[117] Urt. v. 12. 4. 1902, Jb. 2, 302 (303).

[118] Baltz, Baupolizeirecht, S. 65 Anm. 10.

[119] Bornhak, Preuß. Staatsrecht III, S. 245.

[120] Vgl. Preuß.OVG v. 5. 12. 1881, E 8, 327; v. 9. 1. 1884, E 11, 365; v. 1. 5. 1879, E 5, 360 (366); Baltz, Baupolizeirecht, S. 2 f., 30 f.

setzlicher Regelung und drohte Entschädigungsansprüche der Eigentümer nach sich zu ziehen[121]. Das führt zum Modell einer virtuell umfassenden Nutzungsbefugnis des Eigentümers, an die erst sekundär die im „polizeilichen“ Interesse gebotenen Einschränkungen herangetragen werden, oder pointiert ausgedrückt: in der „Horizontalen“ weitestgehend rücksichtsloses Eigentümerbelieben, dem in der „Vertikalen“ der fürsorglich-autokratische Staat nach behördlichem Ermessen die Schärfen nimmt. In dieses Bild einer obrigkeitlich-polizeilichen Ordnung fügt sich die Ignoranz des preußischen Baurechts gegenüber den Nachbarinteressen gerade dort, wo ihre Berücksichtigung am ehesten zu erwarten wäre: bei den Dispensationen. Anders als in den Baurechten Württembergs, Braunschweigs und Sachsens werden Nachbarinteressen nicht einmal erwähnt[122]. Erst 1934 verordnet eine Ministerialverfügung[123] allgemein[124] die Berücksichtigung berechtigter Interessen der Nachbargrundstücke und eine Anhörung der Nachbarn.

Das sächsische Landesbaurecht hat die Dignität des Parlamentsgesetzes. Was es darüber hinaus aus allen anderen Baurechten heraushebt, ist seine planungsrechtliche Prägung. Das BauG will durch koordinierte und übergreifend konzipierte Beschränkungen und Zuweisungen von Befugnissen die Bodennutzung im Interesse der Eigentümer, der sonstigen Nutzer und der Gemeinschaft bewirtschaften. Solches Baurecht und seine behördliche Vollziehung sind genuin rechtsgestaltend. Durch großräumige Planung und die Genehmigung einzelner Vorhaben verwalten die Behörden die private Bodennutzung zum Wohle aller. Planende und genehmigende Behörden stehen nicht mehr in isolierten Beziehungen zu einzelnen Bauherren, sondern in mehrdimensionalen Verhältnissen auch zu denjenigen, die durch Vorhaben in schutzwürdigen Belangen betroffen werden. Folgerichtig versuchen die Verfahrensbestim-

---

121 Aus der älteren Rechtsprechung vgl. Obertribunal v. 23. 4. 1863, Striethorsts Arch. 51, 33; v. 24. 4. 1860, E 43, 23; v. 12. 12. 1874, E 74, 137; außerdem RG v. 9. 1. 1882, Gruchots Beiträge 26, 935. – Akut wird der Konflikt zwischen Bauplanungsrecht und verfassungsrechtlicher Eigentumsgewährleistung mit dem notorischen „Freiflächen“-Urteil des RG v. 28. 2. 1930, Z 128, 18 (27 ff.); dazu Breuer, Bodennutzung, S. 111 ff., 119 ff.

122 Vgl. § 145 ZuständigkeitsG 1883 (GS S. 237); § 42 BauPolO für den Stadtkreis Berlin 1897 (bei Baltz, Baupolizeirecht, S. 113, 276); Preuß.WohnungsG 1918 (GS S. 23), 6. b (4); § 5 Einheitsbauordnung 1919 (EBO – bei Baltz/Fischer, Baupolizeirecht, S. 273, 304); § 2 Abs. 1 Baupolizei-ZuständigkeitsG 1933 (GS S. 491). – Bei der EBO handelt es sich um einen Musterentwurf zur Vereinheitlichung der lokalen Bauordnungen durch Übernahme in die Regierungs- und Ortspolizeiverordnungen, der als Erlaß des Staatskommissars für das Wohnungswesen erging.

123 Ausführungsbestimmung des Finanzministers zum Baupolizei-ZuständigkeitsG (Preuß. MBliV 1934, Sp. 253) zu § 2 Nr. 19 Abs. 2.

124 Spezialgesetzlich sind Einwendungsverfahren vorgesehen im FluchtlinienG 1875 (GS S. 561) sowie in den Ansiedlungsgesetzen von 1876 und 1904 (GS 1876 S. 405; 1904 S. 227), wobei nur die letzteren den Nachbarn ein Klagerecht im Verwaltungsstreitverfahren einräumen, § 17 bzw. Art. 1 § 13 b; dazu Stump, Verwaltungsgerichtsbarkeit, S. 241-247.

mungen des sächsischen BauG die rechte Balance zwischen behördlichen Gestaltungsmöglichkeiten und in sich divergierenden Bodennutzungsinteressen der Bürger sicherzustellen[125]. Das Gesetz ist auf die Gestaltung von – mit einem modernen Begriff – „Austauschverhältnissen" zwischen den Grundstücken angelegt. Solches Recht und sein Vollzug läßt sich nicht auf einzelne Staat/Bürger-Relationen isolieren. Es entstehen „polygonale" Rechtsverhältnisse, in denen die Zulassung eines materiell baurechtswidrigen Vorhabens „Doppelwirkung" entfaltet.

Im übrigen sollte bei der Suche nach den Wirkungsfaktoren der Rechtsprechung des Sächs.OVG zur öffentlichrechtlichen Baunachbarklage auch die Freiheit des völligen Neubeginns nicht unterschätzt werden. Die Errichtung des OVG, das Inkrafttreten des VerwRPflG, des BauG und des BGB – alles das fällt in das Jahr 1900. Eine Auseinandersetzung mit Präjudizien und älterem Recht, womit das Preuß.OVG es zu tun hat, kann unterbleiben. Das eine existiert überhaupt nicht, das andere nur als lokales, dem BauG nachrangiges Recht.

Weniger deutlich sind die Gründe für die unterschiedlichen Entwicklungen in Braunschweig und Württemberg. Hier wie dort nehmen die Bauordnungen in ihren polizeilichen Vorschriften auch auf Nachbarinteressen Bedacht, konzentrieren jedoch die privatnachbarlichen Bestimmungen in separaten Abschnitten[126] und verweisen privatrechtlich fundierte Einwendungen auf den Zivilrechtsweg. Aber nur der Württ. VGH schlußfolgert, daß die (objektiv) nachbarschützenden Bestimmungen des Baupolizeirechts Dritte prinzipiell nicht berechtigen. Was die nachbarfreundliche Haltung des Braunschw.VGH letzten Endes bewirkt hat, ist nicht ersichtlich. Eine Erklärung für den restriktiven Standpunkt des Württ.VGH ist hingegen im Respekt vor dem in dieser Hinsicht eindeutigen Willen des Gesetzgebers und der Autorität von Sarweys zu vermuten. Erschwerend kommt die ausgeprägte Bereitschaft dieses Gerichts zur Anerkennung administrativer Ermessensspielräume hinzu.

---

[125] Neben den schon genannten Vorschriften über Ausnahmebewilligungen nach Gehör der Beteiligten (§ 7 Satz 1 BauG) und das Widerspruchsverfahren (§§ 153 f.) verdienen Erwähnung das Gebot allseitiger Interessenabwägung bei der Planaufstellung (§ 21), die Bestimmungen über die Auslegung des Bebauungsplans und Widersprüche gegen den Plan (§§ 22 f., 27) sowie über die Voraussetzungen für eine Änderung festgestellter Fluchtlinien (§ 28).

[126] Das Privatnachbarrecht entfällt in der Württ.BauO 1910.

§ 7: Die Auswirkungen des nationalsozialistischen Rechtsdenkens auf die öffentlichrechtliche Baunachbarklage

1. Nationalsozialistisches Rechtsdenken, subjektives öffentliches Recht und öffentlichrechtliche Baunachbarklage

Das nationalsozialistische Rechtsdenken ist dem subjektiven öffentlichen Recht als einer Bestimmungsmacht des Bürgers über den Staat wenig günstig. Wo der Anspruch, den liberalistischen Gegensatz von Staat und Gesellschaft, Staat und Bürgern überwunden zu haben, erhoben wird und der Einzelne Anerkennung nur als Glied der Gemeinschaft findet, ist für die subjektivrechtliche Absicherung einer staatsfreien Individualsphäre und eine diesem Anliegen verpflichtete Verwaltungsgerichtsbarkeit zumindest theoretisch kein Raum. Das subjektive öffentliche Recht wird wenn nicht überhaupt in Frage gestellt, so doch inhaltlich denaturiert zu einer völkischen Gliedstellung des Einzelnen, die ihm Berechtigungen nur nach Maßgabe des Gemeinnutzens zukommen läßt[127]. An der öffentlichrechtlichen Baunachbarklage kann diese Entwicklung nicht spurlos vorübergehen.

Näheres Hinsehen erweist indes hinsichtlich des Nachbarschutzes gegenüber Bauvorhaben eine bemerkenswerte Ambivalenz der nationalsozialistischen Rechtsumgestaltung. Pikanterweise entzieht die im Bodenrecht besonders massiv akzentuierte Pflichtenbindung[128] zunächst einmal der dualistischen Konzeption von privatrechtlicher Nutzungsfreiheit und obrigkeitlich-polizeilicher Nutzungsbeschränkung, auf der die nachbarfeindliche Rechtsprechung des Preuß.OVG beruhte, die Grundlage. Zahlreiche verwaltungsrechtliche Einzelgesetze forcieren seit 1933 die planungsrechtliche Einbindung von Grund und Boden[129]. Plangesetzgebung und Planvollzug überformen und gestalten privatrechtliche Positionen. Mit der neuen Bewirtschaftungs- und Zuteilungsperspektive kommen die Interessen Dritter stärker in den Blick. Ende 1933 wird für Preußen erstmals verordnet, daß vor Erteilung einer Befreiung von baupolizeilichen Vorschriften die Dispensbehörde zu prüfen hat, ob „berechtigte Interessen der Nachbargrundstücke berührt werden". Bejahendenfalls ist dem Nachbarn Gelegenheit zur Stellungnahme zu geben[130]. Die Hamburgische Baupolizeiverordnung von 1938[131] (BauPolV) verpflichtet

---

[127] Zu den nationalsozialistischen Auffassungen von subjektivem öffentlichen Recht und Verwaltungsgerichtsbarkeit Hartmut Bauer, Geschichtliche Grundlagen, S. 102-116; Stolleis in: Jeserich u. a., Verwaltungsgeschichte IV, S. 712-714; Rüfner, ebd., S. 1100 f.

[128] Dazu Fezer, Teilhabe, S. 301 ff., *309 f.*

[129] Dazu Zinkahn in: Ernst/Zinkahn/Bielenberg, Bundesbaugesetz, Einl. Rn. 26-31; Kühne in: Jeserich u. a., Verwaltungsgeschichte IV, S. 827-831.

[130] Vorstehend Anm. 123.

[131] VBl. 1938, S. 69.

den Bauherrn, die Eigentümer der angrenzenden Grundstücke vor Beginn der Bauarbeiten zu benachrichtigen. Die Baupolizei kann die Genehmigung von dem Nachweis der Zustimmung der Nachbarn abhängig machen und diesen Einsicht in die Bauvorlagen gewähren. Die Nachbarn sind berechtigt, wegen Verletzung öffentlichrechtlicher Vorschriften Widerspruch zu erheben (§ 6). Im Personenbeförderungsrecht wird 1935 das Anhörungs- und Widerspruchsrecht des schon zugelassenen Linienverkehrsunternehmers gegen die Genehmigung eines neuen Linienverkehrs eingeführt[132].

Mit nationalsozialistischem Rechtsdenken von vornherein unvereinbar ist nur ein öffentlichrechtlicher Drittschutz gegen Vorhaben, an denen die Volksgemeinschaft interessiert ist[133]. Wenn nicht, kann die Drittklage geradezu als Instrument der Sicherung des Gesetzesvollzugs im Interesse der Volksgemeinschaft dargestellt werden.

Angesichts der Eigenart der öffentlichrechtlichen Baunachbarklage, sich zwar gegen eine hoheitliche Behördenentscheidung zu wenden, in der Sache aber regelmäßig einen „privaten“ Nutzungskonflikt auszutragen, ist ihr Schicksal unter der Herrschaft nationalsozialistischen Rechtsdenkens keineswegs ausgemacht. Für das Privatnachbarrecht führt das berühmte Gutehoffnungshütte-Urteil des Reichsgerichts[134] exemplarisch vor, wie der „Gedanke der Volksgemeinschaft“ sich in ein Rechtsinstitut „nachbarliches Gemeinschaftsverhältnis“ umsetzen und zur Stärkung individueller Positionen mobilisieren läßt. Die Frage beim öffentlichrechtlichen Drittschutz ist, ob man das entscheidende Gewicht auf die gerechte Bewältigung des *privaten* Interessenkonflikts oder auf die Autorität der konfliktentscheidenden *Behörde* legt. Die vorgenannten nationalsozialistischen Gesetze weisen in dieser Hinsicht allerdings eine deutlich negative Tendenz auf: Interessenschutz Dritter ja, aber nur durch die Verwaltung und nach ihrem Dafürhalten. Die Widerspruchsbehörde entscheidet letztverbindlich[135].

Diese Linie schlägt 1934 auch die Rechtsprechung des Württ.VGH[136] zur öffentlichrechtlichen Baunachbarklage ein. Entscheidend ist dabei der Hinweis des Gerichts auf die nationalsozialistische Staatsauffassung, auf die gebotene Stärkung der Staatsautorität und die damit verbundene Erweiterung der behördlichen Entscheidungsmacht sowie umgekehrt auf die Zurückdrängung von „Eigenrechten Einzelner auf dem Gebiet der Baupolizei“[137]. Die Ent-

---

[132] DVPBefG 1935 (RGBl. I S. 473), § 9 Abs. 1 Nr. 2, Abs. 3, § 13.

[133] Vgl. die Gesetze v. 13. 12. 1933 (RGBl. I S. 1058) und v. 18. 10. 1935 (RGBl. I S. 1247) über die Beschränkung der Nachbarrechte gegenüber Betrieben von besonderer Bedeutung für Volksertüchtigung und Volksgesundheit.

[134] v. 10. 3. 1937, Z 154, 161 (165 f.).

[135] So ausdrücklich Hamb.BauPolV § 6 Abs. 2 Satz 3; DVPBefG §§ 9 Abs. 3, 5 Abs. 4, 13.

[136] Urt. v. 2. 5. 1934, WürttRPflZ 1935, 89.

[137] S. 91 (re. Sp.).

scheidung über die Vereinbarkeit von Bauvorhaben mit den Nachbarinteressen sei in das „endgültige und verantwortliche Ermessen" der Behörde gestellt.

2. Die neue Rechtsprechung des Sächsischen Oberverwaltungsgerichts zur öffentlichrechtlichen Baunachbarklage

a) Die gewandelte Auffassung von der öffentlichrechtlichen Nachbarklage

Das Sächs.OVG geht einen anderen Weg. Mit seinem vielbeachteten Leiturteil vom 18. Januar 1935[138], dessen Leitsätze fanfarengleich die nationalsozialistische Umwertung des öffentlichen Baurechts verkünden, bricht das Gericht einer neuen Auffassung der öffentlichrechtlichen Nachbarklage Bahn, die, entfernt man die zeitbedingte ideologische Draperie, auch heute noch oder wieder gültige Einsichten enthält. Es ist durchaus zutreffend, wenn zwei Jahre später Herbert Schelcher[139], der Präsident des Gerichts, auf die harsche Urteilskritik Hofackers[140] erwidert, nicht um eine Umsetzung der „neueren Rechtsanschauungen" sei es eigentlich dem Gericht gegangen, es habe sich ihrer vielmehr zur Befriedigung der *praktischen* Bedürfnisse bedient.

*Objektiv*rechtlich verschärft das OVG die Pflichtenbindung des Bauherrn bzw. des Baugrundstücks in Richtung auf Volksgemeinschaft und Nachbarn und erweitert zugleich die rechtsgestalterische Entscheidungsmacht der Genehmigungsbehörde. Die Baufreiheit als Anspruch auf Zulassung gesetzmäßiger Bebauung ist obsolet geworden. Gegenüber dem Anliegen des Baurechts, ein „vernünftiges, zweckmäßiges Bauen zum Nutzen der Allgemeinheit (zu) ermöglichen", steht die individuelle Befugnis zur Grundstücksnutzung zurück. Beherrschender Gedanke des Baurechts ist die Gebundenheit des Einzelnen an die „Grundsätze einer der Volksgemeinschaft entsprechenden Bauentwicklung". Eine diesem Baurecht wesenseigene Forderung ist die „grundsätzliche gegenseitige Rücksichtnahme"[141]. Rücksicht zu nehmen ist auf die Interessen des Nachbarn, der als Glied der Volksgemeinschaft grundsätzlich auch vor geringfügigen Schädigungen geschützt wird. Oberster, das gesamte Baurecht beherrschender Grundsatz bei der Zulassung eines Vorhabens soll sein: „Der Bau darf die Volksgemeinschaft nicht schädigen. Da die Volksgemeinschaft wesentlich mit auf dem Frieden des Zusammenlebens beruht, können auch solche Bauten nicht zugelassen werden, die einzelne so

---

[138] Jb. 39, 1 = RVerwBl. 1935, 117.

[139] Schelcher, RVerwBl. 1937, 149 (153 f.); ähnlich Krüger, VerwArch. 41, 177 (179).

[140] Hofacker, WürttRPflZ 1936, 161 ff.

[141] Jb. 39, 1 (7 ff., *10*).

erheblich schädigen könnten, daß dadurch der Gemeinschaftsfrieden gestört werden würde"[142]. – Bauvorschriften beanspruchen Geltung nur für die Regel. Im atypischen Fall kommt es auf die Vernünftigkeit des Vorhabens „im Sinne der Volksgemeinschaft" an. Bei ihrer Verpflichtung, nachbarliche Belange zu berücksichtigen und ihre Schädigung zu vermeiden, hat die Genehmigungsbehörde „vom Standpunkte des Gemeinschaftsfriedens abzuwägen, wessen Einzelbelange die größere Berücksichtigung erheischen und ob danach eine Beschränkung des Bauenden gerechtfertigt ist"[143].

Wie aber steht es um die Fähigkeit des Nachbarn zu *eigener* Rechtsverteidigung? Zunächst erklärt das Gericht die Unterscheidung von rechtlich geschütztem Interesse und schlichtem Interesse, also die Frage nach dem Schutzzweck der Norm, für obsolet[144]. Argumente sind die häufige Diskrepanz zwischen dem Vorliegen eines subjektiven Rechts und der tatsächlichen Schutzbedürftigkeit, weiter die unvermeidliche Willkür bei der Unterscheidung nachbarschützender und nicht nachbarschützender Vorschriften, wo doch übereinstimmender Zweck aller Bauvorschriften ein im Interesse sowohl der Gemeinschaft als auch des Einzelnen erwünschtes Bauen sei. Deshalb könne es für das Klagerecht des Einzelnen „gerechterweise nur darauf (ankommen), ob er durch das unrechtmäßige Vorgehen der Behörde wirklich einen Nachteil erleidet"[145]. Anfechtungsbefugt soll nunmehr jeder sein, der ein *vernünftiges Interesse* an der Einhaltung der ihm günstigen Bauvorschrift geltend machen kann. Entscheidend sind die tatsächlichen Auswirkungen des Normverstoßes auf seine Belange[146].

Das Sächs.OVG nimmt hier in wesentlichen Punkten Entwicklungen vorweg, wie sie in den 70er Jahren die Rechtsprechung des BVerwG zur öffentlichrechtlichen Baunachbarklage kennzeichnen werden. Die Nähe zum Rücksichtnahmegebot ist mehr als nur terminologischer Art, wobei allerdings in dessen nationalsozialistischer Fassung über das Medium der Volksgemeinschaftsbindung die Interessen des Staates und/oder der Allgemeinheit sehr viel stärkeren (und inhaltlich anders gearteten) Einfluß auf Bewertung und Gewichtung der abzuwägenden Einzelbelange nehmen, als dies heute der Fall ist. Jedenfalls hat der Gedanke intensiver Pflichtenbindung des Grundeigentums zugunsten der umliegenden Grundstücke die Zäsur 1945 – übrigens auch in Gestalt des privatnachbarrechtlichen Gemeinschaftsverhältnisses – überdauert. Weitere aktuelle Stichworte sind „Situationsberechtigung und -belastung" von Grundstücken, die als teils im Faktischen, teils im Normativen angesiedelte Generatoren von Pflichten und Rechten wirken. Auch die in

142 Ebd., S. 10.
143 Ebd., S. 13.
144 Ebd., S. 3 f.; außerdem Urt. v. 20. 9. 1935, Jb. 39, 298 (299 f.).
145 Jb. 39, 1 (4).
146 Urt. v. 20. 9. 1935, Jb. 39, 298 (300).

deutlichem Kontrast zur Auffassung des BVerwG stehende Verabschiedung des subjektiven Nachbarrechts fällt weniger radikal aus als angekündigt, kehrt es doch in verdünnter Form zurück, wenn die Befugnis des Nachbarn zur Einleitung des gerichtlichen objektiven „Rechtswahrungs"-Verfahrens davon abhängig gemacht wird, daß die angefochtene Entscheidung seinen durch Gesetz und Recht zugewiesenen „Lebenskreis" unmittelbar berührt[147]. Ebensogut könnte man in heute geläufiger Diktion[148] vom Erfordernis der Betroffenheit in „eigenen Angelegenheiten" sprechen.

Selbstverständlich ist entscheidend, wie und mit welchen Inhalten die Lebenskreise oder die eigenen Angelegenheiten konstituiert werden. Auch hier antizipiert das Sächs.OVG moderne Tendenzen, wenn es die tatsächliche Interessenbeeinträchtigung betont und die normative Frage ihrer subjektivrechtlichen Erheblichkeit vernachlässigt. Die Aussage, jeder Dritte werde „durch jede Bauvorschrift insoweit rechtlich geschützt, als die Vorschrift ihm nützt und eine Abweichung davon ihn beeinträchtigt" (Sächs.OVG[149]), und die These, jede Norm des materiellen öffentlichen Baurechts habe potentiell nachbarschützende Wirkung, entscheidend sei das Kriterium des „spürbaren negativen Betroffenseins" (OVG Münster[150]), sind austauschbar. Unterschiede – allerdings gravierende! – ergeben sich erst in der praktischen Umsetzung.

b) Die weitere Entwicklung: Restriktion und Ambivalenz

Die neue Rechtsprechung erzeugt hochgradige Rechtsunsicherheit und droht eine Flut von Baunachbarklagen auszulösen. Unter dem Druck der Verhältnisse ist das Gericht bald zu Klarstellungen und Einschränkungen genötigt. Zugleich wird die *Ambivalenz* eines durch die Gliedstellung in der Volksgemeinschaft vermittelten Nachbarschutzes deutlich. Nicht nur der Bauherr, auch der Nachbar muß dem „Gemeinnutzen" Tribut zollen.

Schon 1935 wendet sich das OVG gegen eine ausufernde Handhabung der Generalklausel „Störung des Gemeinschaftsfriedens". Die Gemeinschaftswidrigkeit eines den positiven Bauvorschriften gemäßen Vorhabens sei nur in ganz besonderen Ausnahmefällen anzunehmen[151]. Bald wird auch substantiierter Vortrag schwerer Nachteile für den Nachbarn als Zulässigkeitsvoraus-

---

[147] Jb. 39, 1 (5).

[148] Henke, Subjektives öffentliches Recht, S. 60 f.; Bartlsperger, DVBl. 1971, 723 (729 f.): „Die Konstatierung individueller Betroffenheit beim Vollzug öffentlichen Rechts ist an die Stelle der Gesetzesabhängigkeit subjektiver öffentlicher Rechte getreten".

[149] Urt. v. 20. 9. 1935, S. 299.

[150] v. 10. 9. 1982, NVwZ 1983, 414 (415).

[151] OVG v. 18. 10. 1935, Jb. 39, 331 (332); vgl. außerdem v. 4. 6. 1937, Jb. 40, 341 (342).

setzung gefordert[152]. Vor allem aber schlagen Gemeinschaftsfrieden-Klausel und Rücksichtnahmegebot zunehmend zum Nachteil des Nachbarn aus. Die bei „überwiegenden öffentlichen Belangen“ vorgesehene Ausnahme vom Zustimmungsvorbehalt für den Nachbarn gegenüber baurechtlichen Ausnahmebewilligungen (§ 7 Abs. 2 Satz 2 BauG 1932) wird im Sinne der Gemeinschaftsfrieden-Klausel ausgelegt, der Nachbarvorbehalt seinerseits dem Vorbehalt des Gemeinnutzens unterworfen. Im Nachbarstreit um die baurechtlich genehmigte Erweiterung eines Gewerbebetriebs erklärt das OVG die möglichst zweckmäßige und wirtschaftliche Grundstücksbebauung zum öffentlichen Interesse und rügt, das Beharren des Nachbarn auf einem „formalen Widerspruchsrechte“, wo ein Nachgeben gegen finanzielle Entschädigung erwartet werden könne, lasse die „gebotene gegenseitige Rücksichtnahme vermissen“. Das Zustimmungsrecht nach § 7 Abs. 2 BauG berechtige nicht nur; es verpflichte den Nachbarn, „von seinen Befugnissen nur einen den Geboten der Volksgemeinschaft Rechnung tragenden Gebrauch zu machen und den das Baurecht beherrschenden Grundsatz gegenseitiger billiger Rücksichtnahme zu beachten“[153].

Was am Ende dieser Verschachtelung von Rücksichtnahmeverpflichtungen und Rücksichtnahmeberechtigungen „herauskommt“, ist eine Frage des öffentlichen Interesses. Anläßlich einer Klage gegen die Genehmigung eines Überlandleitungsmastes entnimmt das OVG punktuellen reichsgesetzlichen Beschränkungen des nachbarlichen Widerspruchsrechts gegen Betriebe, die der Volksertüchtigung oder Volksgesundheit dienen[154], die Regel, daß „das Maß dessen, was dem Grundstückseigentümer an Einwirkungen von baupolizeilich zu genehmigenden Anlagen in der Umgebung zugemutet werden muß . . ., bei gemeinwirtschaftlichen Anlagen größer als gegenüber privatwirtschaftlichen Unternehmen“ ist[155]. Selbst im Fall eines privaten Lichtspielhauses verwehrt das Gericht den Nachbarwiderspruch wegen des öffentlichen Interesses an einer „Stätte der Erholung, Zerstreuung und Belehrung“ für die „Gesamtheit der Volksgenossen“[156]. Ebenso wird vertreten, daß die Volksgemeinschaft ein störungsrechtfertigendes Interesse an der Schaffung von Fabrikarbeitsplätzen habe[157].

Der öffentlichrechtliche Nachbarschutz ist zweigleisig geworden, je nachdem, ob das angegriffene Vorhaben nur dem *Eigennutzen* oder in irgendeiner Hinsicht auch dem *Gemeinnutzen* dient. Im ersten Fall ist primäre Störungsab-

---

152 OVG v. 30. 10. 1936, Jb. 40, 171.
153 OVG v. 12. 2. 1937, Jb. 40, 256 (258 f.).
154 Vorstehend in Anm. 133.
155 OVG v. 13. 12. 1935, Jb. 40, 6 (8).
156 OVG v. 6. 11. 1936, Jb. 40, 203.
157 Vitzthum, Baugesetz, § 7 Anm. 4.

wehr möglich, im zweiten reduziert sich der Schutz von Nachbarinteressen auf ein *Dulde und Liquidiere*[158].

§ 8: Die öffentlichrechtliche Nachbarklage gegen gewerberechtlich genehmigte Anlagen bis 1945

Während das Reichsgericht[159] § 16 GewO sowie die einer Anlagengenehmigung beigefügten Schutzauflagen ohne große dogmatische Umstände zu Schutzgesetzen im Sinne von § 823 Abs. 2 BGB qualifiziert, findet wirksamer verwaltungsgerichtlicher Nachbarschutz gegen genehmigte Gewerbeanlagen bis 1945 nirgends statt. Ist die Klage nicht schon unzulässig, so ist sie jedenfalls ineffektiv. Dabei kommt von vornherein nur die Anfechtung der Anlagengenehmigung in Betracht. Ein Anspruch Dritter auf polizeiliches Einschreiten gegen Gewerbeanlagen existiert nicht[160]. Ebensowenig haben Dritte (frühere Einwender) Anspruch auf die Durchsetzung der zu ihrem Schutz verfügten Auflagen[161].

1. Zur Zulässigkeit des Verwaltungsgerichtsweges gegen Anlagengenehmigungen nach §§ 16 ff. GewO

Schon *ob* überhaupt gegen Anlagengenehmigungen nach §§ 16 ff. GewO der Verwaltungsrechtsweg eröffnet werden *kann*, ist am Anfang umstritten. Während der Württ.VGH[162] sich zunächst an die Auffassung seines Landesgesetzgebers gebunden glaubt, die §§ 21, 22 GewO über das Administrativ-Rekursverfahren schlössen die verwaltungsgerichtliche Klage reichsrechtlich aus[163], halten das Preuß.OVG und der Bay. VGH[164], gefolgt vom Schrifttum, eine verwaltungsgerichtliche dritte Instanz im Grundsatz für zulässig.

Die tatsächlichen Rechtsschutzmöglichkeiten variieren je nach Landesrecht. Die preußische Gesetzgebung beschränkt sich auf die Ausgestaltung des Administrativ-Rekurses[165] und versagt damit die verwaltungsgerichtliche Klage. Das sächsische VerwRPflG schließt die Anfechtungsklage gegen gewerbliche Anlagengenehmigungen ausdrücklich aus (§ 75 Abs. 1 Nr. 4). Doch

---

158 Entschädigungsregelung in § 7 Abs. 2 Satz 3-6 BauG 1932.

159 RG v. 13. 7. 1909, JW 1909, 493 (494); v. 23. 10. 1915, JW 1916, 38.

160 Nelken, Gewerberecht I, S. 334.

161 Zur Abhilfe werden oft im Genehmigungsverfahren Vertragsstrafen für den Fall der Nichteinhaltung bestimmter Auflagen vereinbart; dazu Bazille, WürttRPflZ 1910, 120 (120 ff., 126 ff.); vgl. außerdem von Schicker, Gewerbeordnung, § 19 Anm. 3.

162 Württ.VGH v. 3. 7. 1895, Jb. 7, 369; v. 6./13. 5. 1903, Jb. 15, 99.

163 Siehe Goez, Verwaltungsrechtspflege, S. 211.

164 Preuß.OVG v. 30. 5. 1876, E 1, 280; Bay.VGH v. 9. 12. 1879, E 1, 12.

165 ZuständigkeitsG 1883 (GS S. 237) §§ 109, 110, 113 i.V.m. LandesverwaltungsG 1883 (GS S. 195) §§ 115 ff.

gestattet das OVG die Anfechtung wegen formell fehlerhafter Behandlung von Einwendungen[166]. Das bayrische Recht[167] gibt die Anfechtungsklage. Auch der Württ.VGH[168] läßt sie später zu. In Braunschweig[169] ersetzt die Klage beim VGH den Rekurs nach § 20 GewO.

2. Materiell-gewerberechtliche Defizite

Die vereinzelte Zulassung der Anfechtungsklage für Dritte gibt diesen Steine statt Brot. Eine Justiz, die „*sichere* Rechtsnormen ... als Unterlagen einer Rechtsfindung“[170] verlangt, sieht sich außer Stande, anhand der §§ 16 ff. GewO wirksamen Rechtsschutz zu gewähren. Zumal die in Süddeutschland und Österreich herrschende Lehre vom sog. technischen Ermessen der Verwaltungsbehörden setzt dem gerichtlichen Kontrollumfang in Gewerbesachen enge Grenzen. So verneint, obwohl grundsätzlich zur Entscheidung von Streitigkeiten über die Errichtung genehmigungsbedürftiger Anlagen nach §§ 16 ff. GewO berufen, der Bay.VGH[171] seine Kompetenz zu entscheiden, ob die Anlage für die Anlieger oder das Publikum erhebliche Gefahren, Nachteile oder Belästigungen herbeiführen könnte.

Die Einschätzung einer Gefahr oder der Gefährlichkeit einer Anlage gilt als exemplarischer Anwendungsfall des gerichtlich nicht kontrollierbaren technischen Ermessens der Verwaltung[172]. Offene Begriffe wie „erhebliche Nachteile, Gefahren oder Belästigungen“ sollen die Behörden zu eigenschöpferischer und verbindlicher Interpretation des öffentlichen Interesses ermächtigen[173]. Erst bei grober Verfehlung des öffentlichen Wohls stößt nach dieser Lehre die behördliche Definitionsmacht an äußere Grenzen[174]. Dabei verfolgt die Kategorie des technischen Ermessens zweierlei Anliegen: Freiheit in der Beurteilung von Verhältnissen tatsächlicher Natur zu verschaffen und einen Parteianspruch auf ein bestimmtes Verhalten der Behörden auszuschließen[175].

---

166 Sächs.OVG v. 22. 6. 1904, Jb. 6, 69 (70); außerdem Apelt, Verwaltungsrechtspflegegesetz, § 75 Anm. 9 d.

167 VGH-Gesetz 1878 (GVBl. S. 369) Art. 8 Nr. 8; dazu Bay.VGH v. 14. 12. 1880, E 2, 295; Dyroff, Verwaltungsgerichtsgesetz, Art. 8 Nr. 8 Anm. 9.

168 Württ.VGH v. 22. 1. 1931, WürttRPflZ 1931, 125.

169 Bekanntmachung über die Ausführung der GewO v. 1. 12. 1910 (GV-Sammlung S. 545) Nr. 34.

170 Bay.VGH v. 14. 12. 1880, E 2, 295 (299 – Herv. P. P.).

171 Ebd., Leitsatz 2.

172 Vgl. Bernatzik, Rechtsprechung, S. 42.

173 In diesem Sinne Bernatzik, Rechtsprechung, S. 36 ff., 42 ff.; von Sarwey, Verwaltungsrechtspflege, S. 158-160; Roesler, Grünhuts Zs. 1, 181 (193 f.); Laun, Ermessen, S. 66; vorsichtig auch Georg Meyer, Verwaltungsrecht I, S. 47 Anm. 3.

174 Bernatzik, Rechtsprechung, S. 45; ders., Grünhuts Zs. 18, 148 (160); Bähr, Rechtsstaat, S. 60.

175 Tezner, Grünhuts Zs. 19, 327 (328 f.).

Solange der Genehmigungsbehörde bei der Entscheidung, in welchem Maße den Betroffenen „im Interesse der für die allgemeine Wohlfahrt unentbehrlichen Industrie“ Beeinträchtigungen zuzumuten sind, die Kompetenz zu letztverbindlicher Normkonkretisierung zugebilligt wird[176], hat die Anfechtungsklage des Dritten allenfalls bei groben Behördenmißgriffen eine Erfolgsaussicht.

Der Württ.VGH[177] faßt, wie schon bei der öffentlichrechtlichen Baunachbarklage, die Anfechtung der Anlagengenehmigung als Geltendmachung eines Schutzanspruchs auf und verneint ein Recht des Dritten, daß die Genehmigungsbehörde „ihre polizeiliche Gewalt gerade in der Richtung seiner Interessen ausübe“. Daß das Gesetz einen Schutzauftrag im Interesse der Nachbarn erteile, begründe keinen materiellen subjektiven Schutzanspruch. Hier sei allein das Zivilrecht einschlägig. Der öffentlichrechtliche Anspruch des Nachbarn ist rein verfahrensrechtlicher Art, beschränkt auf die vollständige Erörterung seiner Einwendungen.

§ 9: Die öffentlichrechtliche Nachbarklage in der Rechtsprechung nach 1945

Das mit der Wiederherstellung der Verwaltungsgerichtsbarkeit seit 1946[178] in Kraft tretende neue Verwaltungsprozeßrecht bringt für die öffentlichrechtliche Baunachbarklage im Vergleich zur preußischen, württembergischen oder sächsischen Rechtslage keine wesentlichen Änderungen, hing doch schon ehedem die Zulässigkeit der Anfechtungsklage gegenüber der Baugenehmigung von der Verletzung in einem subjektiven Recht ab. Am ehesten mag noch die Zulassung der Verpflichtungsklage die Ablehnungsfront schwächen, insofern nun das Verständnis der öffentlichrechtlichen Nachbarklage als Geltendmachung eines Anspruchs auf Gesetzesvollzug oder aktives behördliches Einschreiten nicht mehr ohne weiteres zur Unzulässigkeit der Klage führt[179]. Alles hängt von der Bereitschaft ab, materielle subjektive Drittrechte anzuerkennen.

Schwerwiegender ist für den öffentlichrechtlichen Nachbarschutz die Ersetzung des Administrativ-Rekurses der §§ 20, 21 GewO durch die verwaltungsgerichtliche Anfechtungsklage in der us-amerikanischen (VGG § 38 Abs. 2 Satz 1) und der französischen Besatzungszone. Dies zumal mit Blick auf die

---

[176] So Landmann/Rohmer, Gewerbeordnung, 3. Aufl., § 18 Anm. 3; Nelken, Gewerberecht I, S. 380.

[177] Württ.VGH v. 22. 1. 1931, WürttRPflZ 1931, 125 (126).

[178] Dazu von Unruh in: Jeserich u. a., Verwaltungsgeschichte II, S. 1178-1180, 1183-1186.

[179] Den Weg eines Nachbaranspruchs auf Einschreiten beschreitet anfangs das OVG Münster, Urt. v. 10. 9. 1957, BRS 7, 135.

süddeutsche Doktrin vom „technischen Ermessen" die verwaltungsgerichtliche Kompetenz zur Prüfung der „Ermessensfrage in vollem Umfang" angeordnet wird (VGG § 38 Abs. 2 Satz 2). In der britischen Zone bleibt es bei der alten Rechtslage[180], bis mit Inkrafttreten der VwGO die §§ 20, 21 GewO aufgehoben werden (§ 195 Abs. 3 VwGO).

1. Die öffentlichrechtliche Baunachbarklage

Das Verwaltungsprozeßrecht verweist auf das materielle Recht. Der Kläger muß durch den Verwaltungsakt oder seine Unterlassung in einem Recht verletzt werden. Das materielle Recht ist auf Jahre hinaus das der alten Landesbauordnungen, Baupolizeiverordnungen, Ortsbausatzungen[181]. Naheliegenderweise knüpft man an die Rechtsprechung der Zeit bis 1933 an. Die alten Meinungsgegensätze leben wieder auf, zunächst repräsentiert einerseits vom OVG Münster, das die Linie des Preuß.OVG fortsetzt, und andererseits vom VGH Stuttgart, der sich unter dem Einfluß Otto Bachofs auf die Zulassung der öffentlichrechtlichen Baunachbarklage durch den alten Württ.VGH besinnt. Abgerissen ist die Rechtsprechungstradition des Sächs.OVG.

a) Entwicklungsphasen

In der Judikatur zur öffentlichrechtlichen Baunachbarklage lassen sich fünf Phasen unterscheiden: (1) Ganz überwiegende Ablehnung; (2) Erstarken des die Nachbarklage zulassenden Lagers; (3) fast allgemeine Anerkennung der Nachbarklage; (4) Konsolidierung und Eingrenzung des öffentlichrechtlichen Nachbarschutzes unter Führung des BVerwG; (5) teilweise Lösung des öffentlichrechtlichen Nachbarschutzes von der Schutznormtheorie. In den ersten drei Phasen dominieren die Oberverwaltungsgerichte. Das BVerwG als für Landesrecht nicht zuständiges Revisionsgericht erhält erst unter dem BBauG Gelegenheit, maßgebend auf die Entwicklung der öffentlichrechtlichen Baunachbarklage einzuwirken.

(1) Die bis 1950 mit Baunachbarsachen befaßten Verwaltungsgerichte halten die öffentlichrechtliche Baunachbarklage mit Ausnahme nur des VGH und des VG Stuttgart generell für unzulässig[182]. Die Begründungen bewegen sich auf der Linie des Preuß.OVG: privateigentumsrechtlich begründete Bau-

---

[180] Darstellung der Rechtslage in den westalliierten Besatzungszonen bei Landmann/Rohmer, Gewerbeordnung, 10. Aufl., § 21 Anm. 8.

[181] Z. B. die Bauordnungen für Bayern (1901), Württemberg (1910), Lippe (1915), Berlin (1929).

[182] Grundlegend LVG Hannover v. 16. 2. 1948, DV 1949, 155; außerdem Hess.VGH v. 24. 5. 1950, DVBl. 1951, 184; OVG Münster v. 7. 9. 1950, BRS 1, 49; OVG Hamburg v. 25. 3. 1948, BRS 1, 43; v. 9. 1. 1950, MDR 1950, 308 (mit Ausnahmen für das Zaun- und Fensterrecht).

freiheit; Baugenehmigung als bloße Feststellung der öffentlich-polizeirechtlichen Zulässigkeit des Vorhabens; demzufolge Fehlen eines Rechtsverhältnisses zwischen Behörde und Nachbar; Zurechnung der gerügten Beeinträchtigung allein zum Bauenden. Einzig der VGH Stuttgart hält unter Hinweis auf Art. 116 Württ.BauO 1910 die Begründung von subjektiven Nachbarrechten durch öffentliches Baurecht für möglich. Die Praxis dieses Gerichts ist jedoch wie schon in der Weimarer Zeit restriktiv[183].

(2) In der zweiten, die Spanne 1952-1955 umfassenden, Phase wird die Ablehnungsfront aus OVG Münster, OVG Hamburg und Hess.VGH noch durch das OVG Lüneburg verstärkt[184]. Auftrieb erhält die öffentlichrechtliche Baunachbarklage dagegen durch den Bay.VGH sowie die Oberverwaltungsgerichte Berlin und Koblenz[185]. Eine Mittelposition nimmt der VGH Freiburg ein, der zwar die Baunachbarklage wegen subjektiver Rechtsverletzung des Nachbarn ausschließt, ihm statt dessen aber einen klagbaren Anspruch wegen ermessensfehlerhafter Handhabung des objektiven Rechts zuerkennen will[186]. Das BVerwG enthält sich zwar noch einer Stellungnahme zur Zulässigkeit der öffentlichrechtlichen Baunachbarklage, geht aber von der Existenz drittschützender Baurechtsvorschriften aus[187].

(3) 1957/58 revidieren unter dem Eindruck dieser Einschätzung die Oberverwaltungsgerichte Münster und Lüneburg sowie der Hess.VGH ihre ablehnende Haltung[188]. Auch das OVG Saarland[189] läßt die öffentlichrechtliche Baunachbarklage grundsätzlich zu. Nur das OVG Hamburg[190] verharrt bei seiner prinzipiell ablehnenden Haltung.

(4) 1960 entscheidet das BVerwG[191], daß aus nachbarschützenden Vorschriften des Bauordnungsrechts dem Nachbarn ein Anspruch auf behördliches Einschreiten gegen baurechtswidrige Zustände erwachsen kann. Die

---

183 Vgl. VGH Stuttgart v. 13. 3. 1952, BRS 2, 178 (180).

184 OVG Münster v. 17. 6. 1952, BRS 2, 213; OVG Lüneburg v. 16. 9. 1954 – I A 34.54 – (unveröffentlicht); OVG Hamburg v. 15. 10. 1953, BRS 3, 131 (134).

185 VGH Stuttgart v. 5. 3. 1954, NJW 1954, 1623; v. 21. 4. 1955, NJW 1955, 1811 (1812); Bay.VGH v. 10. 6. 1952, DÖV 1953, 445; v. 29. 7. 1952, VerwRspr. 5 Nr. 36 (S. 208 f.); OVG Berlin v. 29. 2. 1952, BRS 2, 198; v. 24. 9. 1954, BRS 4, 178; v. 22. 4. 1955, BRS 4, 183; OVG Koblenz v. 18. 10. 1953, BRS 3, 126; v. 28. 4. 1954, BRS 4, 176; v. 24. 11. 1955, AS 4, 363.

186 VGH Freiburg v. 4. 5. 1955, NJW 1955, 1412.

187 BVerwG v. 25. 2. 1954, BRS 4, 174 (175).

188 OVG Münster v. 10. 9. 1957, BRS 7, 135; Hess.VGH v. 7. 10. 1958, BBauBl. 1958, 630; OVG Lüneburg v. 13. 10. 1958, BBauBl. 1959, 401.

189 OVG Saarland v. 24. 7. 1958, DÖV 1960, 434.

190 OVG Hamburg v. 21. 8. 1957, MDR 1958, 371; v. 9. 4. 1959, BRS 9, 79. – Die Zulassung der Nachbarklage bei Verletzung von Bestimmungen über das Zaun- und Fensterrecht nach hamb. Bauordnungsrecht trägt der Mittelstellung dieser Bestimmungen zwischen öffentlichem und Privatnachbarrecht Rechnung; vgl. Urt. v. 19. 10. 1949, BRS 1, 45 (47).

191 BVerwG v. 18. 8. 1960, E 11, 95; mit Anm. von Bachof, DVBl. 1961, 128.

prinzipielle Zulässigkeit der öffentlichrechtlichen Baunachbarklage ist höchstrichterlich geklärt. Fraglich kann nur sein, ob bei erfolgter Baugenehmigung mit der Anfechtungs- oder der Verpflichtungsklage vorzugehen ist[192]. In der Folge gilt das Augenmerk der Klärung, welche Bestimmungen des Bauplanungs- und Bauordnungsrechts „nachbarschützend" sind. Angesichts zunehmender Nachbarklagen und wachsender Nachbarfreundlichkeit der Instanzgerichte ist das BVerwG wiederholt genötigt, durch restriktive Korrekturen dem Schutzbedürfnis der Bauherren Geltung zu verschaffen. Markante Stationen solcher Gegensteuerung sind die Entscheidungen gegen eine nachbarschützende Qualität des § 11 Abs. 1 Satz 1 RGaO über die Anordnung der Garagen auf einem Grundstück[193], gegen eine nachbarschützende Funktion der §§ 34 und 35 Abs. 2 BBauG[194] und gegen die Ableitbarkeit von Nachbarschutz aus der Dispensationsermächtigung des § 31 Abs. 2 BBauG[195]. Insgesamt aber ist die öffentlichrechtliche Baunachbarklage auf dem Vormarsch.

(5) Die Eingrenzungsbemühungen des der öffentlichrechtlichen Baunachbarklage durchaus gewogenen BVerwG haben die Schwäche der bisher allein maßgeblichen Schutznormtheorie deutlich hervortreten lassen. Bei komplexen Normen, die über die Regelung kleinsträumiger Nachbarkonflikte hinausgehen, droht die Bejahung eines nachbarschützenden Normzwecks ein Zuviel, seine Verneinung ein Zuwenig an Drittschutz zu bewirken. Dieser fatalen Alternative versucht das BVerwG durch einen Paradigmenwechsel von der verletzten *Norm* zum beeinträchtigten *Interesse* zu entrinnen. Neben die Schutznormtheorie tritt zunächst ein unmittelbar Art. 14 Abs. 1 GG entnommener Abwehranspruch des Nachbarn wegen „schweren und unerträglichen" Betroffenseins infolge nachhaltiger Veränderung der Grundstückssituation[196], später ein subjektivrechtlich wirksames öffentlich-baurechtliches Gebot der Rücksichtnahme auf schutzwürdige Interessen anderer[197]. Der öffentlichrechtliche Nachbarschutz ist damit zweigleisig geworden. Im Geltungsbereich von Bebauungsplänen erfolgt die interessengerechte Feinsteuerung bei der Zuerkennung subjektivrechtlicher Nachbarpositionen über die Figur eines „Austauschverhältnisses"[198].

---

[192] Für Verpflichtungsklage OVG Münster v. 10. 9. 1957, BRS 7, 135 (137 f.); v. 8. 10. 1957, DVBl. 1958, 68.

[193] BVerwG v. 28. 4. 1967, BRS 18 Nr. 86 (S. 154) = E 27, 29.

[194] BVerwG v. 6. 12. 1967, BRS 18 Nr. 57 (S. 105); v. 13. 6. 1969, BRS 22 Nr. 181 (S. 253 f.) = E 32, 173.

[195] BVerwG v. 12. 1. 1968, BRS 20 Nr. 156 (S. 242), vor allem gegen OVG Münster v. 20. 12. 1962, BRS 13, 242 (243) u. v. 16. 5. 1963, BRS 14, 247 (250 f.).

[196] BVerwG v. 13. 6. 1969, BRS 22 Nr. 181 (S. 254 f.).

[197] BVerwG v. 25. 2. 1977, BRS 32 Nr. 155 (S. 271 f.) = E 52, 122.

[198] Grundlegend Sendler, BauR 1970, 4 (6-13).

b) Entwicklungsbedingungen

Der öffentlichrechtlichen Baunachbarklage ist, so konsequent und eindrucksvoll sie auch in der Rechtsprechung des Sächs.OVG entwickelt wurde, bis 1933 – danach werden sowieso ganz andere Faktoren wirksam – allgemeine Anerkennung versagt geblieben. Wie erklärt sich der Meinungsumschwung seit 1948/50?

Mehrere Faktoren haben hier zusammengewirkt. Seit den frühen 30er Jahren und dann erneut in der Nachkriegszeit nimmt der sozialgestaltende Interventionsstaat bislang ungeahnte Dimensionen an. Stand ehedem die Sicherung einer „staatsfreien" Sphäre im Vordergrund bürgerlich-liberalen Rechtsdenkens, so gilt es nun, überhaupt erst den unentbehrlichen Beitrag des Staates zu den existentiellen Voraussetzungen individueller Freiheit zu akzeptieren und in die Rechtsordnung zu integrieren. Angesichts einer als Normalität erkannten Notwendigkeit staatlicher „Daseinsvorsorge" und privater „Teilhabe" an den Vorsorgeleistungen[199] wird die Aufgabe des Verwaltungshandelns und des Verwaltungsrechts, „zumindest auch" den Interessen der Einzelnen zu dienen, zur Selbstverständlichkeit. Im selben Zuge wird nach der gründlichen Diskreditierung kollektivistischer Staatsauffassungen das Verhältnis Bürger/Staat neu bewertet. Besonders Otto Bachof[200] fordert unermüdlich die subjektivrechtlichen Konsequenzen der Aufwertung des Untertans zum Bürger ein und schlägt die Brücke zum öffentlichrechtlichen Nachbarschutz[201]. Das neue Menschenbild begründe eine „starke Vermutung für das Bestehen eines subjektiven Rechts, wo ein Individualinteresse auf dem Spiel steht"[202]. Diese gewandelte Sicht verändert im Wege der Interpretation den Inhalt der Gesetze, auch wenn ihr Wortlaut gleich bleibt.

Paradigma ist die Umdeutung der Unterstützungspflicht der Fürsorgeverbände[203]. Die ursprünglich ganz herrschende Auffassung vom ausschließlich objektivrechtlichen Charakter der Fürsorgepflicht ist seit 1948/49 einem rapiden Erosionsprozeß ausgesetzt, der 1954 in der endgültigen Anerkennung eines Rechtsanspruchs des Hilfsbedürftigen durch das BVerwG[204] kulminiert. In anderen sozialrechtlich bedeutsamen Bereichen wie dem Mietpreisrecht[205], dem Kündigungsschutz für Kleingartenpächter[206], Schwerbehinderte und wer-

---

[199] Grundlegend Forsthoff, Verwaltung als Leistungsträger, bes. S. 6 ff., 15 ff., 45 f.

[200] Vor allem Verwaltungsgerichtliche Klage, S. 73, 77, 84 f.; außerdem VVDStRL 12, 37 (73 f.); Gedächtnisschrift Jellinek, S. 297, 301 f.

[201] Verwaltungsgerichtliche Klage, S. 68 mit Anm. 16.

[202] Ebd., S. 77; ders., Gedächtnisschrift Jellinek, S. 303 f.

[203] Nach der FürsorgepflichtV 1924, RGBl. I S. 100.

[204] BVerwG v. 24. 6. 1954, E 1, 159. Zum Meinungsstand vor dieser Entscheidung Forsthoff, Verwaltungsrecht, 3. Aufl., S. 161 Anm. 5.

[205] BVerwG v. 30. 6. 1956, E 3, 362.

dende Mütter[207] wird die Anfechtungsbefugnis des durch die verletzte Norm in seinen Interessen geschützten Bürgers zunehmend anerkannt[208]. Von diesen Bereichen erhöhter sozialer Schutzbedürftigkeit her wächst die Bereitschaft, eine rechtserhebliche Beschwer der durch Behördenentscheidungen betroffenen Dritten in Erwägung zu ziehen. Auch das öffentlichrechtliche Bodennutzungsregime weist, wie Kriegs- und Nachkriegszeit drastisch vorgeführt haben, eine starke sozialrechtliche Komponente auf. Ernst Forsthoff knüpft an die Einsicht in die von ihm für das Verwaltungsrecht „entdeckte" daseinsvorsorgende Funktion des Staates und die Aufwertung des Bürgers die Forderung, die Rechtsgrundsätze über das Verhältnis des Einzelnen zur Verwaltung einer grundsätzlichen Korrektur zu unterziehen[209], und plädiert bald auch für einen verstärkten, nämlich subjektiv-öffentlichrechtlichen Schutz des Nachbarn[210].

Das OVG Berlin hat zu diesem Zeitpunkt, wenn es auch die tragenden Gründe erst später offenlegt, den Zusammenhang zwischen staatlicher Sozialgestaltungsaufgabe, öffentlicher Bauverwaltung, neuem Menschenbild und öffentlichrechtlicher Nachbarklage längst hergestellt. 1952 gewährt es Verwaltungsrechtsschutz gegen die Genehmigung von Bauvorhaben, die gegen die Ausweisung besonderer Wohngebiete nach der Berliner Bauordnung von 1929 verstoßen[211]. Das Motiv hinter der juristischen Argumentation bringt das Gericht erst später zur Sprache: der durch die Insellage Berlins verschärften Belastung der Stadtbewohner und einer folglich erhöhten Schutzbedürftigkeit der Wohngebiete gerecht zu werden[212].

Der sozialgestalterische Interventionsstaat verändert das Eigentumsverständnis. Die vom Nationalsozialismus betonte Pflichtenbindung des Grundeigentums überdauert angesichts drängender wohnungswirtschaftlicher und städtebaulicher Probleme dessen Untergang. Die Landesaufbaugesetze mit ihren weitreichenden Instrumentarien zur Grundstücksneuordnung und Bebauungsplanung setzen seit 1948 den Prozeß verstärkter planerischer Einbindung des Grundeigentums fort[213]. Die Schriften dieser Zeit zum öffentlichen Baurecht sind geprägt von den Gedanken der Sozialpflichtigkeit des

---

206 BVerwG v. 13. 3. 1957, E 4, 318 (aber Rechtsschutzbedürfnis wegen der Möglichkeit zivilgerichtlichen Schutzes verneint).

207 BVerwG v. 28. 11. 1958, E 8, 46; v. 10. 2. 1960, E 10, 148.

208 Zum Diskussionsstand 1957 Bettermann, MDR 1958, 272 ff.

209 Forsthoff, Verwaltungsrecht, 2. Aufl., S. 156.

210 Forsthoff, Verwaltungsrecht, 6. Aufl., S. 172.

211 OVG Berlin v. 29. 2. 1952, BRS 2, 198.

212 Urt. v. 1. 2. 1957, BRS 7, 125 (127, 128) v. 118 (120). Siehe außerdem das Urt. v. 2. 5. 1977, BRS 32 Nr. 5 (S. 16), wo der Hinweis auf die Insellage Berlins der Darlegung eines rechtlich geschützten Individualinteresses an der Erhaltung eines Erholungsraumes dient.

213 Dazu Zinkahn in: Ernst/Zinkahn/Bielenberg, BBauG, Einl. Rn. 33-35.

Grundeigentums und der Notwendigkeit staatlicher Bauplanung[214]. Die synthetische Sicht der Baubefugnis als Resultante aus Privateigentum und öffentlichrechtlichem Nutzungsregime bricht sich allgemein Bahn. Das öffentliche Bauplanungsrecht verliert seinen „Schranken"-Charakter, wird in das Grundeigentum integriert und erscheint als wesentliches Element seiner „Inhaltsbestimmung"[215]. Mit der Überwindung der dualistischen Konzeption von privater Eigentumsnutzungsfreiheit und polizeirechtlicher Freiheitsbeschränkung wandelt sich die Baugenehmigung von der deklaratorischen Bau*freigabe* zur konstitutiven *Zuteilung* der Baubefugnis[216] im Kontext hoheitlicher Bodennutzungsplanung. Die grundsätzliche individuelle Nutzungsfreiheit jedes einzelnen Eigentümers innerhalb der Grenzen seines Grundstücks wird im Interesse der Nutzungsgemeinschaft einer Vielzahl von Grundstücken und Eigentümern zur „gebundenen" Freiheit fortentwickelt. Dadurch gewinnt die Möglichkeit, daß der Pflichtenbelastung jedes einzelnen Grundstücks über die Grundstücksgrenzen hinausgehende Berechtigungen der jeweils anderen korrespondieren, entscheidend an Plausibilität. Von der „rechtlichen Schicksalsgemeinschaft" (H. P. Ipsen[217]) zum „Austauschverhältnis" der Grundstücke oder Nutzungsberechtigten (Sendler[218]) mit allseitigen Verpflichtungen *und Berechtigungen* ist es gedanklich nur ein kleiner Schritt. Wo Eigentum öffentlichrechtlich gestaltet wird, kann es um die Vorteile aus Nutzbarkeitsbeschränkungen der umliegenden Grundstücke „angereichert" werden. Eine Zuteilung von Nutzungsbefugnissen an einen anderen, die den derart erweiterten Status des Nachbargrundstücks mißachtet, belastet auch dessen Eigentümer. Die Baugenehmigung wird zum Verwaltungsakt „mit Doppelwirkung".

Anfänglich allerdings hat das allgemeine Bewußtsein von der Notwendigkeit staatlich-administrativer Regulierung der Bodennutzung auch eine den öffentlichrechtlichen Drittschutz hemmende Wirkung. Hindert nicht die Zuerkennung subjektiver Nachbarrechte aus öffentlichem Baurecht die gebotene Neuordnung durch zusätzliche eigentumskräftige Verfestigung des Status quo? So lautet ein vor allem unter Verwaltungsjuristen verbreitetes Bedenken. Bezeichnenderweise sind die Landesaufbaugesetze dem Rechtsschutz des Planungsbetroffenen alles andere als günstig[219]. Der Schock des reichsgerichtlichen „Freiflächen"-Urteils[220] wirkt nach. Die unausgesprochene Befürchtung, daß subjektive öffentliche Nachbarrechte mit der für einen schnellen

---

214 Zahlreiche Beispiele in dem 1951 von Dittus herausgegebenen Sammelband „Baurecht im Werden".

215 Eindringlich Götz, Bauleitplanung, S. 39-42.

216 Sendler, UPR 1983, 33 (40).

217 In VVDStRL 18, 182 (Diskussionsbeitrag).

218 Sendler, BauR 1970, 4 (6 ff.).

219 Vgl. nur § 60 Nds.AufbauG (GVBl. 1949 S. 107).

220 RG v. 28. 2. 1930, Z 128, 18; vgl. dazu in Anm. 121.

Wiederaufbau erforderlichen Beweglichkeit der Verwaltung unvereinbar sein könnten, verzögert die Entwicklung der öffentlichrechtlichen Baunachbarklagen bis zur Entspannung der Bausituation[221].

2. Die öffentlichrechtliche Nachbarklage gegen gewerberechtlich genehmigte Anlagen

Mit der Ersetzung des gewerberechtlichen Rekurses durch die Anfechtungsklage und der Einführung der Verpflichtungsklage stellt sich die Frage der Ableitbarkeit subjektiver Rechte Dritter aus §§ 16 ff., 51 GewO (später §§ 4 ff., 17, 20 f. BImSchG) in aller Schärfe. Unproblematisch ist nur die Klagbarkeit des *formellen* Rechts auf Beteiligung am Genehmigungsverfahren und auf dessen Durchführung[222]. Der Nachweis *materieller* Rechte begegnet den bekannten Hindernissen: geringe Regelungsdichte, sicherheitspolizeiliche Konzeption des in Gestalt von Versagungs- oder Untersagungsermächtigungen gefaßten Anlagenrechts, Isolierung des gewerblichen Anlagenrechts auf das vertikale Verhältnis Anlagenbetreiber/Staat. Die eine Baunachbarklage begünstigende planungsrechtliche Ausgestaltung der Nutzungsbefugnisse fehlt ebenso wie die Vorstellung, daß die Anlagengenehmigung im Rahmen eines administrativ herzustellenden Interessenausgleichs Nutzungsbefugnisse zuteile. Die dualistische Konzeption von privater Eigentumsfreiheit und polizeilicher Freiheitsbeschränkung hält sich im gewerblichen Anlagenrecht hartnäckiger als im Baurecht. Eine Wirkung der Anlagengenehmigung in Relation zu Dritten scheint allein § 26 GewO mit dem Ausschluß privatrechtlicher Ansprüche auf Betriebseinstellung herzustellen. In den Genuß der Anfechtungsklage kommt anfangs nur der durch Verbote und Auflagen unmittelbar betroffene Anlagenbetreiber. Für die Einwender bedeutet die Abschaffung des Rekursverfahrens erst einmal eine Verschlechterung.

---

[221] De lege ferenda warnt 1954 H. Westermann vor der Zuerkennung klagbarer subjektiver öffentlicher Nachbarrechte in dem projektierten BundesbauG, um die notwendige Ermessensfreiheit der Baubehörden zu wahren. Dies allerdings unter der Voraussetzung eines „nach jeder Richtung ausreichenden" privatrechtlichen Nachbarschutzes (Nachbarrechtliche Vorschriften, S. 11). – In der Judikatur offen angesprochen wird der Zusammenhang von Aufbaunotwendigkeiten und Restriktion des öffentlichrechtlichen Nachbarschutzes erst spät. Im Urt. v. 1. 2. 1957 (BRS 7, 125 (128)) bemerkt das OVG Berlin im Zusammenhang einer Baunachbarklage gegen einen Gewerbebetrieb im Wohngebiet, daß für den maßgeblichen Zeitraum 1952 ff. „im Gegensatz zu den ersten Jahren nach dem Zusammenbruch wegen des Fortschreitens der wirtschaftlichen Gesundung ... wieder in vollem Umfang das Einhalten der bau-rechtlichen Bestimmungen verlangt werden konnte". 1952 hat das Gericht auch erstmals die Anfechtung einer Baugenehmigung durch den Nachbarn zugelassen. Das OVG Hamburg versagt noch 1959 (BRS 9, 79 (81)) subjektive öffentliche Nachbarrechte mit der Begründung, eine Vielzahl subjektiver Rechte führe zur Erstarrung des Baurechts, werde der erforderlichen Beweglichkeit der Verwaltung nicht gerecht und bürde dem Gesetzgeber im Hinblick auf Art. 14 GG unübersehbare Entschädigungslasten auf.

[222] Vgl. VGH BW v. 11. 10. 1965, BRS 16 Nr. 89 (S. 149).

Bis dann doch die Anfechtungsklage Dritter wegen Verletzung in einem eigenen materiellen Recht und auf der Grundlage öffentlichen Gewerberechts sowie die Möglichkeit einer Verpflichtungsklage auf behördliches Einschreiten gesichert ist, bedarf es eines langwierigen Rechtsfortbildungsprozesses, der sich bis zum Inkrafttreten des BImSchG hinzieht. Einen gerade in seiner Zögerlichkeit und dogmatischen Verlegenheit interessanten Zwischenschritt auf dem Weg von einem objektiv-polizeirechtlichen Verständnis des Gewerbeanlagenzulassungsrechts zum subjektiv-öffentlichrechtlichen Drittschutz repräsentiert das Urteil des BVerwG vom 24. Oktober 1967[223]. Das Gericht bemerkt zunächst, die §§ 16 ff. GewO enthielten auch den materiellrechtlichen Maßstab für die (Un-)Zulässigkeit der Anlage und seien dem Schutz der Nachbarschaft vor nachteiligen Auswirkungen zu dienen bestimmt. Deshalb sei allerdings, so das Gericht weiter in eigenartigem Widerspruch zu seiner Handhabung der Schutznormtheorie bei der Baunachbarklage, noch nicht den Geschützten „die Macht verliehen ..., das rechtlich anerkannte Interesse geltend zu machen". Sogleich wird aber auch die Auffassung, Dritte könnten Verstöße gegen §§ 16 ff. GewO überhaupt nicht geltend machen, verworfen, nur um dann mit einer bemerkenswerten Wendung abzubrechen: auf die Problematik der öffentlichrechtlichen Nachbarklage brauche nicht näher eingegangen zu werden! In dem Bemühen, unkontrollierte Weiterungen beim öffentlichrechtlichen Drittschutz gegenüber Gewerbeanlagen – es ist die Zeit der Eingrenzungsbemühungen im Bereich der Baunachbarklage – zu vermeiden, weicht das BVerwG auf die Ausschlußwirkung des § 26 GewO gegenüber privaten Abwehransprüchen aus. Die *privat*rechtsgestaltende Wirkung der Anlagengenehmigung soll die Klagebefugnis begründen. Am Ende steht die Feststellung, Dritte hätten einen subjektiv-öffentlichrechtlichen Anspruch auf Verwaltungsrechtsschutz gegenüber einem Verwaltungsakt, „durch den eine sie schützende öffentlichrechtliche Norm verletzt worden ist *und* sie in der Geltendmachung *bürgerlich*rechtlicher Befugnisse eingeschränkt werden"[224]. Den öffentlichrechtlichen Drittschutz vom Privatrecht her zu begründen, stellt indes die gesetzgeberische Konzeption, privatnachbarrechtlichen Interessenschutz durch Polizeirecht zu ersetzen[225], auf den Kopf. Der Struktur des öffentlichrechtlichen Drittschutzes gemäß ist einzig eine begrenzte Subjektivierung der öffentlich-gewerberechtlichen Zulässigkeitsnormen und nicht die Wiederbelebung des inhaltlich inkongruenten Privatnachbarrechts.

Trotzdem ist die öffentlichrechtliche Gewerbenachbarklage nicht aufzuhalten. Der Anerkennung eines allgemein-polizeirechtlichen Schutzanspruchs

---

[223] E 28, 131 (133-135) = BRS 18 Nr. 137.

[224] Ebd., S. 135 (Herv. P. P.). Der von Schulte (Eigentum, S. 154) erweckte Eindruck unproblematischer Zulässigkeit der öffentlich-gewerberechtlichen Nachbarklage ist unzutreffend.

[225] Oben § 3, 2. b) (dd).

auf behördliches Einschreiten, entwickelt im Fall des emittierenden Kohlen- und Fuhrgeschäfts in einem Wohngebiet[226], folgt die Ableitung öffentlichrechtlichen Drittschutzes aus den gaststättenrechtlichen Bestimmungen über Auflagen wegen erheblicher Nachteile oder Belästigungen für die Nachbarschaft und über den Erlaß von Sperrstundenverordnungen (§§ 11 Abs. 1 b, 14 GastG 1930)[227]. Das BVerwG kann sich dabei durch die vom BGH vorgenommene[228] Anerkennung einer drittschützenden Amtspflicht der Behörden, nach § 11 GastG 1930 zum Schutz der Nachbarn tätig zu werden, vorweg bestätigt sehen. Vom Bauordnungs- und Landesimmissionsschutzrecht her dringt die Auffassung vor, daß öffentlichrechtliche Immissionsschutzbestimmungen auch nachbarschützende Absichten verfolgen[229]. Einen großen Schritt zum öffentlichrechtlichen Drittschutz gegen genehmigungsbedürftige Gewerbeanlagen tut der Bay.VGH[230]. Die Strafvorschrift für den „schwarzen" Betrieb genehmigungspflichtiger Anlagen und die zugehörige Eingriffsermächtigung (§ 147 Abs. 1 Nr. 2, Abs. 3 GewO) könnten den Nachbarn einen Anspruch auf Einschreiten vermitteln. Das impliziert die nachbarberechtigende Wirkung der §§ 16 ff. GewO, ohne daß es noch auf eine Rechtsgestaltungswirkung gegenüber Privatrechten ankäme. Zweifelsfrei setzt sich dieser Standpunkt allerdings erst unter dem BImSchG durch. Heute gilt die öffentlichrechtliche Nachbarklage wegen Verletzung der Betreibergrundpflichten nach § 5 Abs. 1 Nr. 1 BImSchG allgemein als zulässig. Nicht als nachbarschützend anerkannt werden die Pflichten der Nrn. 2 ff.[231]. Denkbar sind auch Nachbarklagen auf den Erlaß nachträglicher Anordnungen (§ 17 BImSchG), auf vorläufige Maßnahmen nach § 20 BImSchG oder auf Widerruf der Anlagengenehmigung (§ 21 BImSchG), problematisch Klagen auf behördliche Auskünfte über Emittenten.

---

[226] BVerwG v. 18. 8. 1960, E 11, 95.

[227] BVerwG v. 13. 1. 1961, E 11, 331 (333); dazu kritisch Bettermann, NJW 1961, 1097 (1098 f.).

[228] BGH v. 23. 2. 1959, NJW 1959, 767.

[229] Vgl. Hess.VGH v. 12. 7. 1966, BRS 17 Nr. 131; OVG Münster v. 25. 1. 1967, E 23, 78 (82); OVG Berlin v. 14. 7. 1967, JR 1968, 468.

[230] Bay.VGH v. 24. 11. 1966, VGHE NF 19, 161 (162).

[231] Vgl. BVerwG v. 18. 5. 1982, Buchh. 406.25 § 5 BImSchG Nr. 3 (S. 8); v. 22. 10. 1982, aaO Nr. 6 (S. 19 f.); v. 30. 9. 1983, Buchh. 406.19 Nr. 159 (S. 51). Die Auffassung, daß auch § 5 Nr. 2 BImSchG Nachbarschutz vermittle (OVG Münster v. 7. 7. 1976, GewArch. 1976, 391 (392); OVG Lüneburg v. 3. 10. 1979, GewArch. 1980, 203 (205 f.)), hat sich nicht behaupten können.

Zusammenfassung und Einschätzung

1. Die Entwicklung des *öffentlich*rechtlichen Nachbarschutzes ist Reaktion auf Defizite des *privat*rechtlichen Interessenschutzes. Solche Defizite entstehen aus neuen Zivilisationserscheinungen oder/und aus einem Wertewandel, der neue Schutzwürdigkeiten gegenüber bisher als „sozialadäquat" Akzeptiertem entdecken läßt. Doch ist die Kluft zwischen begrenztem privatrechtlichem Interessenschutz und individuellen Schutzbedürftigkeiten, die der öffentlichrechtliche Nachbarschutz überbrücken soll, ganz wesentlich auch das Ergebnis einer Grundsatzentscheidung der Rechtsordnung für die Handlungs*freiheit* eines jeden, gegen die Parzellierung der Freiheitsräume in wohlerworbene Rechte, gegen die Einschnürung individueller Verhaltensspielräume durch subjektivrechtliche Bestimmungsmacht anderer.

So läßt sich zunächst im privaten Bau- und Gewerbenachbarrecht ein vielschichtiger und tiefdringender Prozeß der Ausdünnung subjektiver Privatrechte feststellen, der zu allgemeiner Handlungs- und insbesondere gewerblicher Betätigungsfreiheit hinführt. Der sich durch das ganze 19. Jahrhundert hinziehende Übergang von einer dominant subjektivrechtlichen zu einer dominant freiheitlichen Rechtsordnung reduziert die *Rechte* der *Vielen* zu Handlungs*freiheiten Aller*, die der Beeinträchtigung aus den Handlungsfreiheiten der jeweils anderen ausgesetzt sind. Soll nicht Chaos die Folge sein, muß mit einer solchen Entrechtung im Subjektiven eine Verrechtlichung im Objektiven einhergehen, wobei die staatliche Verwaltung die Rolle des Sanktionärs übernimmt. Zweckrationaler und dabei „elastischer" Vollzug der aus polizeilicher Notwendigkeit freiheitsbegrenzenden Gesetze durch die Verwaltung ist notwendiges Gegenstück und Bestandteil der kontrollierten Entfesselung der Freiheiten der Bürger. Nicht „Privatwillkür" sondern öffentliches Interesse setzt der Freiheitsbetätigung die Grenzen.

2. Die Ausdünnung des privatrechtlichen Interessenschutzes im „horizontalen" Bürger/Bürger-Verhältnis erfolgt durch gesetzliche Aufhebung privater Berechtigungen und vor allem durch die *Publifizierung* überkommenen Rechts im Wege richterlicher und rechtswissenschaftlicher Interpretationskunst. Parallel zur Zweiteilung der Rechtsordnung in eine öffentlichrechtliche und eine privatrechtliche Teilordnung wird der Nachweis der polizeilichen oder *öffentlich*rechtlichen Natur von individualbegünstigenden Vorschriften ein wirkungsvolles Mittel, um sie in subjektivrechtlicher Hinsicht zu neutralisieren. Sei es, daß in einem Bereich allgemein nur das alte Polizeirecht aufgehoben ist, Privatrecht hingegen weiter gilt. Sei es, daß dem Polizeigesetz ver-

pflichtende und berechtigende Wirkung nur im isolierten „Vertikal"-Verhältnis zwischen Norm- oder Verfügungsadressat (A) und Behörde beigemessen wird. Wo B weder einen Anspruch auf Normbefolgung durch A noch auf Normvollzug durch die Behörde hat, ist sein Interesse zur Disposition der Verwaltung gestellt. Der für den Fall der Verletzung in einem subjektiven Recht vorgesehene (verwaltungs-)gerichtliche Schutz hilft ihm mangels verletzbaren Rechts nicht weiter. Subjektive Berechtigungen anderer als der Adressaten von behördlichen Verfügungen fallen aus dem dualen System von prinzipieller Freiheit des Individuums und polizeilicher Einschränkung derselben heraus. Das Verwaltungsrecht kann und will die in subjektivrechtlicher Hinsicht gerissene Lücke nicht ausfüllen. Die Folge ist ein eminenter Verlust an subjektivrechtlichem Substrat.

3. Privatrecht und öffentliches Recht werden auf prinzipiell verschiedenen Beziehungsebenen angesiedelt. Zur Berührung beider Regelungssysteme kommt es im Konflikt der Privaten nur, wo das öffentliche Recht bzw. sein Vollzug privatrechtliche Abwehransprüche beschneidet. Die Ausbildung von solchermaßen den Betrieb bestimmter Gewerbeanlagen absichernden Präklusionsregelungen resultiert aus der Notwendigkeit abgestufter Konfliktregulierung. Der Ausdünnung privatnachbarrechtlichen Interessenschutzes sind von der Sache und vom Prinzip des gerechten Ausgleichs her Grenzen gesetzt. In einzelnen Bereichen kann sich altes Nachbarrecht relativ stark behaupten (Wassermühlenrecht), für die übrigen entwickeln Wissenschaft und Praxis die Negatorienklage wegen eigentumsstörender Immissionen. Die volle Ausbildung des negatorischen Rechtsschutzes wird aber erst durch die Schaffung eines öffentlichen „*Präklusionsrechts*" möglich. Ohne externe Begrenzungsmechanismen würde das überwiegende öffentliche Interesse an gewerblich-industrieller Bodennutzung dazu nötigen, entsprechende Wirksamkeitshemmnisse in das Privatrecht selbst einzubauen. Negatorienklage und öffentliches Präklusionsrecht bedingen einander wechselseitig. Das Ergebnis ist ein sinnvoll differenziertes System des Interessenausgleichs: Primärrechtsschutz gegen bestimmte störende Einwirkungen bis hin zum Anspruch auf Einstellung der Nutzung als Prinzip; Ausnahmen hiervon gegenüber bestimmten Anlagen, die nach Prüfung (auch) ihrer Vereinbarkeit mit wesentlichen Nachbarbelangen behördlich zugelassen worden sind, insofern Betriebseinstellung oder „untunliche" Schutzeinrichtungen nicht verlangt werden können; auf jeden Fall Ansprüche auf Schadloshaltung wegen Nutzungsbeeinträchtigung oder Eigentumssubstanzbeschädigung.

Die Lücke zwischen reduziertem Privatnachbarrecht und individueller Schutzbedürftigkeit wird durch öffentliches Recht und behördliche Fürsorge geschlossen. In ihren *Interessen* (!) berührte Dritte erhalten Gelegenheit zu Einwendungen im Verwaltungsverfahren. Eine vollwertige Kompensation für die Vorenthaltung privatrechtlichen Schutzes ist das nicht, kann es dem Sinn der Gesamtregelung nach nicht sein. Vom Standpunkt obrigkeitlicher Fürsorge sind Einwendungen nicht mehr als ein Mittel zu umfassender *Information* der Genehmigungsbehörde.

4. Verwaltungsgerichtlicher Interessenschutz kann für spezifizierte Konfliktsituationen (Enumerativsystem) oder bei behaupteter Verletzung in einem subjektiven Recht eröffnet werden. Der zweite Weg setzt ein entwikkeltes materielles und dazu *subjektiv*rechtlich strukturiertes Verwaltungsrecht voraus. Ist es um ein solches schon ganz allgemein am Ende des 19. Jahrhunderts schlecht bestellt, so scheinen die Schwierigkeiten fast unüberwindlich, was den subjektiv-öffentlichrechtlichen Interessenschutz von *Dritten* anlangt, die *außerhalb* des verwaltungsrechtlich geregelten Subordinationsverhältnisses A/Behörde stehen. Aus den in der Relation A/Behörde geltenden Imperativen kann B für sich nichts herleiten. Weder kann er einen öffentlichrechtlichen Anspruch auf behördliches Einschreiten gegen A haben, noch durch die unzulässige Genehmigung eines seine Interessen beeinträchtigenden Verhaltens in einem subjektiven öffentlichen Recht verletzt sein. Seine Privatrechte bleiben, abgesehen von Präklusionsregelungen nach dem Muster des § 26 GewO, unberührt.

Abhilfe ist de lege lata nur durch eine neuartige Begründung subjektiver Rechte aus materiellem Verwaltungsrecht möglich. Die *Re-Subjektivierung* des *Verwaltungsrechts*, genauer: des in das „objektive" Verwaltungsrecht abgedrängten materiellen Rechtsstoffs, setzt ein. Dies aber unter einer wesentlichen Einschränkung: Öffentliches Interesse verbietet es, jedem öffentlichrechtlichen Normbefehl ein subjektives Recht des Begünstigten zu entnehmen, anderenfalls es „ebensoviel Klagen wie Berührungen der Staatsgewalt mit der Person und dem Vermögen des Unterthanen" gäbe (von Gneist)[1]. Den Weg zur notwendigen Selektion weist von Sarwey mit der Unterscheidung danach, ob die verletzte Vorschrift der Verwaltungstätigkeit mit Blick auf eine möglichst staatsfreie Interessensphäre des Bürgers eine Grenze zieht oder nicht. Der ersten Trennung von Privatrecht und Verwaltungsrecht folgt nun eine zweite von subjektivrechtlich erheblichem Verwaltungsrecht und Amtsinstruktion[2], von öffentlichem *Außen*recht und *Innen*recht.

5. Daß eine Norm zur Grenzziehung zwischen staatlicher Gewaltübung und individueller Interessen- oder Freiheitssphäre bestimmt sei, läßt sich am ehesten im Bereich imperativer Eingriffe in Freiheit und Eigentum feststellen. Der Nachweis subjektiver öffentlicher Rechte von *faktisch* betroffenen *Dritten* begegnet dagegen prinzipiellen Schwierigkeiten. Dabei geht Dogmatik Hand

---

[1] Von Gneist, Rechtsstaat, S. 266.

[2] Siehe aber auch die Kritik an der Möglichkeit dieser Unterscheidung bei Loening, Jb. für Gesetzgebung, NF 5, 363 (366).

in Hand mit Rechtspolitik. Man hat den Interessenschutz Privater gerade nicht ins Verwaltungsrecht verlagert, um ihnen statt subjektiver Privatrechte subjektive öffentliche Rechte von gleicher oder noch größerer Wirksamkeit zu verschaffen.

Es ist nicht ohne Ironie, daß auf dem Höhepunkt des privatnachbarrechtlichen Kahlschlages eine bis heute andauernde Gegenbewegung einsetzt, die, ohne einfach die alten Zustände wieder herzustellen, den „*objektiv*" konzipierten Schutz privater Interessen durch partielle Subjektivierung des Verwaltungsrechts *individuell verfügbar* macht. Von der einen Seite ermöglicht der andernorts noch um die Zurückdrängung des landesnachbarrechtlichen Immissionsschutzes bemühte Reichsgesetzgeber es mit § 823 Abs. 2 BGB, eine Brücke vom subjektiven Privatrecht zum „objektiv" interessenschützenden Verwaltungsrecht zu schlagen, über welche das Reichsgericht schon bald dem öffentlichen Gewerberecht deliktsrechtliche Erheblichkeit verschafft[3]. Auf der anderen Seite nehmen das Sächs.OVG und der Braunschw.VGH die Entwicklung subjektiver öffentlicher Nachbarrechte in die eigenen richterlichen Hände, wo die Schutzbedürftigkeit der Betroffenen eine eigene Rechtsdurchsetzungsmacht geboten erscheinen läßt. Dogmatisches Vehikel solcher Rechtsschöpfung mit den Mitteln verwaltungsrichterlicher Gesetzes-"Interpretation" wird die *Schutzzweckformel.* Die zum Interessenschutz des Dritten bestimmte Verwaltungsrechtsnorm verschafft ihm ein materielles subjektives Recht auf Beachtung oder Vollzug dieser Norm. An die Stelle des *Rechts* tritt das „rechtlich geschützte Interesse". Das noch bei Rudolf von Ihering[4] zur Unterscheidung von subjektiver Berechtigungswirkung und rechtlicher Reflexwirkung betonte *formale* Moment, daß „dem Berechtigten selber der Schutz seines Interesses anvertraut" sein müsse, entfällt. Der Begriff des subjektiven öffentlichen Rechts wandelt sich.

6. Im Vergleich der gegensätzlichen Judikaturen der Oberverwaltungsgerichte zur öffentlichrechtlichen Baunachbarklage werden hemmende und begünstigende Faktoren deutlich. Hemmend ist vor allem die dualistische Auffassung von prinzipieller Handlungs- oder Nutzungsfreiheit aus privatem Recht, die im vertikalen Staat/Bürger-Verhältnis polizeilichen Einschränkungen unterworfen wird. Hemmend sind weiter behördliche Entscheidungsspielräume, mindere Normqualität der einschlägigen Vorschriften und nicht zuletzt eine geringe Regelungsdichte des materiellen Verwaltungsrechts. Die Subjektivierung hochgradig unspezifischer Bestimmungen belastet erstens das erkennende Gericht mit problematischen Konkretisierungsaufgaben. Zweitens stellt die Schutznormtheorie in Reinform vor die fatale Alternative von übermäßigem oder überhaupt keinem Nachbarschutz. – Subjektivierungsbegünstigend wirken parlamentsgesetzliche Normierung, hohe Regelungsdichte und

---

[3] RG v. 13. 7. 1909, JW 1909, 493; v. 23. 10. 1915, JW 1916, 38.

[4] Römisches Recht III, 1, S. 339.

strikter Geltungsanspruch des Verwaltungsrechts. Als der Entwicklung des subjektiv-öffentlichrechtlichen Nachbarschutzes besonders förderlich erweist sich eine synthetische oder „integrierte" Auffassung der Bodennutzungsbefugnis, nach welcher Verwaltungsgesetze und behördliche Planungen das Grundeigentum gestalten, es inhaltlich ausformen. Wo im Rahmen der übergreifenden Bewältigung von grenzüberschreitenden Nutzungskonflikten Beschränkungen auferlegt werden, drängt sich die Annahme einer „Anreicherung" der jeweils begünstigten Grundstücke durch korrespondierende Berechtigungen auf.

7. Die breite Anerkennung des öffentlichrechtlichen Drittschutzes im Bereich der Bodennutzung seit den 50er Jahren ist allerdings erst Resultat eines Auffassungswandels zum Verhältnis Staat/Gesellschaft bzw. Staat/Bürger. Die weitreichenden staatlichen Interventionen in die Gesellschaft zur Gewährleistung hinreichender Wohlfahrt werden nicht mehr nur als vorübergehende Ausnahmeerscheinung abgetan, sondern als dauernde Notwendigkeit erkannt und akzeptiert, die es in die Rechtsdogmatik zu integrieren gilt. Staatliche Sozialgestaltung und Angewiesensein der Bürger auf „Sozialleistungen" im weitesten Sinn sind die eine, schon in der Staatsrechtswissenschaft der Jahre 1933/34 artikulierte Seite (Ernst Forsthoff[5]). Die andere ist die mit der staatlichen Neuordnung seit 1946/47 eintretende Aufwertung des Bürgers zur „selbständigen sittlich verantwortlichen Persönlichkeit", die kraft solcher Qualität „in der Regel nicht lediglich Gegenstand staatlichen Handelns" sein darf, sondern als „Träger von Rechten und Pflichten" anzuerkennen ist[6]. Der Staat der Daseinsvorsorge und Daseinsverantwortung für diesen emanzipierten Bürgertypus bedarf eines veränderten Verwaltungsrechts mit individueller Rechtsmacht als zentralem Strukturelement[7]. Die nach rechtlichen Maßstäben beurteilte Schutzwürdigkeit und Schutzbedürftigkeit[8] wird zum entscheidenden Antriebselement bei der Entwicklung des öffentlichrechtlichen Nachbarschutzes. Daß ein Interesse *rechtlich geschützt ist*, verdankt es weniger gesetzlicher Anordnung als vielmehr dem Urteil des Rechtsanwenders, daß es *rechtlichen Schutzes bedarf.* Das kommt Rechtsstellungen jeder Art, insbesondere aber dem Schutz der bislang vernachlässigten Dritten zugute.

8. Ausschluß oder Zulassung, Voraussetzungen und Umfang des öffentlichrechtlichen Nachbarschutzes sind das Ergebnis unterschiedlicher Bewertungen und Gewichtungen der konfligierenden Nutzungsinteressen, wobei, die Dinge komplizierend, indirekt das öffentliche Interesse an sachgemäßer Bodennutzung im Spiel ist. Wenn die rechtliche Möglichkeit des Nachbarn, die Einhaltung öffentlichen Bodennutzungsrechts gerichtlich durchzusetzen,

---

[5] Forsthoff, Die Verwaltung als Leistungsträger (1938).

[6] BVerwG v. 24. 6. 1954, E 1, 159 (161).

[7] Forsthoff, Verwaltungsrecht, 3. Aufl., S. 160.

[8] Forsthoff, S. 161; Bachof, Gedächtnisschrift Jellinek, S. 296.

dem Grunde nach anerkannt ist, erwächst die Notwendigkeit, solche private Rechtsmacht auf ein für den „offensiven" Bodennutzer (Bauherr; Unternehmer) erträgliches Maß zu beschränken – eine Gratwanderung, in deren Verlauf wiederholt Kurskorrekturen erforderlich geworden sind. Die fundamentalste hat das Sächs.OVG vollzogen, als es die Frage nach dem Schutzzweck der verletzten Norm für obsolet erklärte und nurmehr darauf abstellen wollte, ob der Dritte durch die Abweichung vom materiellen Baurecht einen wirklichen *Nachteil* erleide. Es ist wichtig zu erkennen, daß sich hier unter der nationalsozialistischen ideologischen Draperie Sachnotwendigkeiten artikuliert haben, denen gerecht zu werden allerdings die Selbstherrlichkeit des nationalsozialistischen „Rechtswahrers" im Umgang mit den *alten* Gesetzen ganz neue Möglichkeiten eröffnete[9]. – Nach 1945 kehrt die Rechtsprechung erst einmal in die gewohnten Bahnen zurück. Der öffentlichrechtliche Drittschutz wird im Rahmen der Schutznormtheorie entwickelt. Den Ausschlag soll die „zumindest auch" nachbarschützende Bestimmung der verletzten Vorschrift geben. Doch auch das BVerwG erfährt, daß bei unspezifischen und komplexen Normen die Alternative nachbarschützend ja oder nein eine interessengerechte Feinsteuerung zwischen der Scylla übermäßigen Nachbarschutzes und der Charybdis rechtlicher Schutzlosigkeit gegenüber „schweren und unerträglichen" Beeinträchtigungen nicht erlaubt. In Gestalt des Abwehranspruchs aus Art. 14 Abs. 1 GG, später des subjektiv-öffentlichrechtlichen Rücksichtnahmegebots erfolgt erneut der Paradigmenwechsel weg von der verletzten Norm und hin zur „*Rechtsposition*" des Gestörten.

9. Der durch die Subjektivierung des Verwaltungsrechts bewirkte Schutz ist von anderer Art als der ursprüngliche Schutz durch Privatrecht. Perspektiven und Maßstäbe der auf verwaltungsbehördlichen Vollzug zugeschnittenen Gesetze unterscheiden sich von denen einer Privatrechtsordnung. An die Stelle privater Zustimmungsvorbehalte und Verbietungsrechte treten gesetzliche Anordnungen, kombiniert mit behördlichen Erlaubnisvorbehalten, Dispensationsermächtigungen, Verbietungs- und sonstigen Eingriffsermächtigungen. Der dabei waltende Maßstab des *öffentlichen* Interesses mediatisiert die mit-abgedeckten Privatinteressen. Deren objektivrechtlicher Schutz hängt von ihrer Fähigkeit ab, sich als im öffentlichen Interesse liegend zu erweisen. Über den dem Individualinteresse real zuteil werdenden Schutz und das Eintreten der korrespondierenden Freiheitsbeschränkung auf seiten des Störers entscheidet das Ermessen der auf das Gemeinwohl verpflichteten Behörde[10].

---

[9] Zu Recht weist Stolleis auf den innovativen Effekt der radikalen Abwendung der nationalsozialistischen Rechtslehre vom liberalen Verwaltungsrecht hin; in: Jeserich u. a., Verwaltungsgeschichte IV, S. 715. Zum „wirklichkeitsnahen" Rechtsdenken des Nationalsozialismus siehe außerdem Meyer-Hesemann, Methodenwandel, S. 107 ff., *111 f., 117-120*.

[10] Von Seydel, Bay. Staatsrecht III, S. 412, spricht anschaulich von der „Verwaltungsanweisung in Gesetzesform".

Die sukzessive eintretenden Beschränkungen administrativer Freiheiten bei Verfolgung des öffentlichen Interesses gegenüber den Befehlsadressaten – Prinzip der Bau- und Gewerbefreiheit, Anspruch auf Baukonsens bzw. Anlagengenehmigung, wenn nicht gesetzliche Gründe entgegenstehen – erweitern zunächst nur die Freiheitsräume der potentiellen Störer[11]. Die Ableitung subjektiver Rechte aus Verwaltungsrecht zugunsten Dritter stößt erstens an die den Behörden gezogenen Eingriffsgrenzen und zweitens an die Prärogative der Verwaltung bei der Konkretisierung der verwaltungsrechtlichen Regelungszwecke. Aber auch mit zunehmender inhaltlicher Gesetzesbindung des Verwaltungshandelns und der Inanspruchnahme letztverbindlicher Gesetzesinterpretation durch die Verwaltungsgerichte bleibt die dem Verwaltungsrecht eigentümliche Perspektive des öffentlichen Interesses vorherrschend. Das subjektive öffentliche Recht vermag das Privatinteresse nur entsprechend dem Regelungsgehalt der verwaltungsrechtlichen Normen zu schützen; folglich allein, insofern es sich als im von der Norm verfolgten öffentlichen Interesse eingeschlossen erweisen läßt. Daß sich hier intrikate Fragen nach dem Verhältnis von öffentlichem Interesse und Interessen Privater stellen, liegt auf der Hand.

10. Öffentlichrechtliche Nachbarklagen und der öffentlichrechtliche Drittschutz überhaupt sind eine Schöpfung der verwaltungsgerichtlichen Praxis. Das wissenschaftliche Schrifttum verhielt sich gegenüber einem subjektivrechtlichen Schutz Dritter aus Verwaltungsrecht lange Zeit ignorant bis ablehnend. Für Paul Laband[12] waren Verwaltungsrechtsnormen zur Begründung subjektiver Rechte generell ungeeignet. Conrad Bornhak[13] hielt subjektive öffentliche Rechte des Untertanen gegenüber dem Staat für eine logische Unmöglichkeit. Otto Mayer[14] blieb dem subjektiven öffentlichen Recht gegenüber reserviert. Andere Autoren, die sich um seine Dogmatik im Allgemeinen sehr wohl verdient gemacht haben, begegneten der Zuerkennung subjektiver öffentlicher Rechte jedenfalls an Dritte mit Ablehnung oder Unverständnis. Von Sarwey bekämpfte die baunachbarrechtliche Judikatur des württembergischen Geheimen Rats[15]. Friedrich Tezner[16] leugnete (wie auch das Preuß. OVG) die Möglichkeit eines Rechtsverhältnisses zwischen Genehmigungsbehörde und Nachbar. Georg Jellineks *System der subjektiven öffentlichen Rechte* überging die Frage der Ableitbarkeit subjektiver öffentlicher Dritt-

[11] Zum württ. Baurecht vgl. die Materialien der BauO 1872 bei Bitzer, Bauordnung, S. 27 f.; außerdem von Sarwey, Württ.Arch. 15, 348 (355 f.); zum Gewerberecht vgl. von Seydel, S. 412 f.

[12] Laband, Staatsrecht I, 1. Aufl., S. 149.

[13] Bornhak, Preuß. Staatsrecht I, S. 285 f., II, S. 447; ders., Annalen des Dtn. Reiches 1899, 329 (360).

[14] Vgl. Theorie des französischen Verwaltungsrechts, S. 157 f.; Verwaltungsrecht I, 2. Aufl., S. 110 f.

[15] Oben § 5, 2. b).

[16] Tezner, VerwArch. 8, 220 (250).

rechte aus materiellem Verwaltungsrecht mit Schweigen[17] und bestärkte mit seiner Betonung des „formellen" Kriteriums der Verleihung von Rechtsmacht über das Verhalten eines anderen[18] eher eine dem öffentlichrechtlichen Drittschutz abträgliche Tendenz. Die Gerichte waren allein gelassen. Ottmar Bühlers 1914 erschienene Habilitationsschrift, die wesentlich von den Erträgen der Rechtspraxis zehrte, konnte in der Frage des öffentlichrechtlichen Drittschutzes auf eine schon eigenständig entwickelte und voll entfaltete Judikatur des Sächs.OVG zurückgreifen[19]. Einzig der Württ.VGH[20] stützte sich bei seiner späten und auch dann noch restriktiven Zulassung der öffentlichrechtlichen Baunachbarklage auf die wissenschaftliche Autorität Jellineks und Bühlers. Erst nach 1945 nimmt die Wissenschaft, anfangs vor allem angestoßen durch Otto Bachof, stärkeren Anteil an der Entwicklung des öffentlichrechtlichen Drittschutzes, ohne indes der Verwaltungsgerichtsbarkeit (und den publizierenden Richtern am BVerwG) die Führerschaft streitig machen zu können. Der öffentlichrechtliche Drittschutz war und ist Richterrecht.

11. Was „bringt" diese rechtshistorische Untersuchung für das Verständnis des *heutigen* Rechts? Zunächst die Bestätigung, daß der öffentlichrechtliche Nachbarschutz in seiner jetzigen Form einen ausgewogenen Interessenausgleich ermöglicht, wie ihn das Privatnachbarrecht nicht zu leisten vermag. Denn diesem fehlt, was beim öffentlichrechtlichen Drittschutz ein zentrales Steuerungselement ist: die virtuell verbindliche, gesetzeskonkretisierende und damit rechtsklärende *Verwaltungsentscheidung*, die für den Dritten angreifbar ist, ihn jedoch, wenn er seiner Anfechtungsobliegenheit nicht genügt, mit weiteren Angriffen präkludiert. Diese hochwichtige und vor allem bei unkonkreten Verwaltungsrechtsnormen (z. B. §§ 34, 35 BBauG/BauGB; §§ 16 ff. GewO bzw. §§ 4 ff. BImSchG) unverzichtbare Rechtsfeststellungsfunktion der behördlichen Regelungsakte ginge verloren, wenn man die rechtliche Konfliktregulierung mit den Mitteln des Zivilrechts in das direkte Nachbarverhältnis zurückverlagern würde: etwa durch „Anreicherung" der Schutzbereiche von §§ 903, 906 BGB um „negative", „ästhetische" oder sonstige „ideelle" Immissionen[21], über „Schutzgesetze" in Verbindung mit § 1004 an. BGB oder durch die Erfindung immer neuer Verkehrspflichten. Der Weg über die Anfechtung oder die Herbeiführung einer Behördenentscheidung nach den Regeln des Verwaltungs- und Verwaltungsprozeßrechts ist kein tunlichst abzukürzender „Umweg"[22]. Er hat vielmehr für den Ersten (A) einen eminent *rechtssicherheits-* und *freiheitsgewährleistenden Sinn*.

[17] Vgl. System, S. 70-80, 102 ff., 117 ff.

[18] Ebd., S. 52, 54, 70-73, 79, 97 f., 119.

[19] Bühler, Subjektive öffentliche Rechte, S. 439 ff.

[20] Württ.VGH v. 12. 11. 1921, WürttRPflZ 1922, 45 (46).

[21] Vgl. Jauernig, JZ 1986, 605 (608 f.); Diederichsen, Referat DJT, S. L 51-54; Grunsky, JurAn. 1970, 407 (414); demgegenüber mit Recht restriktiv BGH v. 12. 7. 1985, Z 95, 307 (309 f.).

Das heißt allerdings nicht, daß es allein auf die Relationen Dritter (B)/ Behörde und Behörde/A ankäme. Im Gegenteil darf nie die Interessenlage und Interessenbewertung im eigentlichen Konfliktverhältnis zwischen A und B aus den Augen verloren werden: bei der Entscheidung über die Klagebefugnis des B, über das Vorliegen eines (materiellen) subjektiven Drittrechts, über die von B geltend zu machenden Rechtswidrigkeitsgründe, über den Eintritt von Bestandskraft mit Wirkung gegen B oder von sonstigen Präklusionsmechanismen usw. – Ein Defizit des gegenwärtigen öffentlichrechtlichen Nachbarschutzes ist indes auf der Rechtsfolgenseite das Fehlen eines Ausgleichsanspruchs nach dem Muster des § 7 Abs. 2 Sächs.BauG 1932 oder auch des § 906 Abs. 2 BGB.

12. Nicht die verletzte Verwaltungsrechtsnorm selbst bestimmt im Normalfall, ob der Nachbar ihre Beachtung verlangen kann. Es entscheidet vielmehr die Einschätzung des Rechtsanwenders, daß der Nachbar, *weil schutzbedürftig*, die *Rechtsmacht haben soll*, normgemäßes Verhalten zu erzwingen. Mit der „Schutznormtheorie" wird der Auftrag zur rechtsschöpferischen Richterentscheidung über das Vorliegen subjektiver Drittrechte formuliert; die Feststellung eines entsprechenden Schutzzwecks der verletzten Norm ist das Ergebnis einer Wertung, die in erheblichem Umfang aus Rechtsprinzipien *außerhalb* dieser Norm selbst gewonnen worden ist.

Bei der mit beachtlichen Spielräumen verbundenen Entscheidung über eine Berechtigung des B muß immer auch das Interesse des A an freiheitsgewährleistender Rechtssicherheit berücksichtigt werden. Die auf den „Zweck" der verletzten Bestimmung abhebende Schutznormtheorie steht, wenn, wie in § 34 BauGB, das Regelungsanliegen weit und die Rechtsbegriffe konturenlos sind, schnell vor dem Dilemma, entweder B *zuviel* Rechtsmacht einzuräumen oder ihm subjektivrechtlichen Schutz *ganz* vorzuenthalten. Das öffentlichrechtliche Rücksichtnahmegebot eröffnet hier einen *Mittelweg*[23], dessen Gerechtigkeitsgehalt es rechtfertigt, die damit verbundenen Unsicherheiten hinzunehmen. – Je geringer die Regelungsdichte, desto schwerer fällt die Vermittlung öffentlichrechtlichen Drittschutzes. Das ist z. B. die Situation bei den Konkurrentenklagen gegen die Subventionierung eines anderen. Dort kann man zwar grundsätzlich Drittschutz von den Freiheitsgrundrechten her entwickeln; doch darf dies aus Gründen der Rechtssicherheit und weil die Gerichte nicht die primären Rechtsetzungsorgane sind, nur eine Auffangstellung gegenüber schwerwiegenden Beeinträchtigungen sein.

13. „Öffentlichrechtlicher Drittschutz" ist ein Kürzel für verhältnismäßigen Interessenausgleich durch ein vielschichtiges Zusammenspiel von materiellem

[22] Vgl. Diederichsen, S. L 53.

[23] Aufschlußreich BVerwG v. 19. 9. 1986, Buchh. 406.19 Nr. 71 (S. 56); siehe außerdem Ramsauer, AöR 111, 501 (533 f.); Schlichter, Referat Verwaltungsrichtertag, S. 177.

Verwaltungsrecht, konkretisierendem Gesetzesvollzug durch Behörden und sachlich begrenzten Klagebefugnissen Dritter auf der Grundlage jenes Verwaltungsrechts und nach Maßgabe richterlicher Schutzbedürftigkeitseinschätzungen, der sich in den Bahnen des Verwaltungs- und des Verwaltungsprozeßrechts abspielt. Zweites zentrales Konfliktregulierungselement neben dem materiellen subjektiven Recht des Dritten ist dabei die Möglichkeit der *Präklusion* eben dieses Rechts binnen relativ kurzer Zeit (Prozeßdauer nicht gerechnet). Die Chance des Nachbarn, sein rechtlich geschütztes Interesse zu wahren, muß befristet sein, damit der andere in den Genuß von Rechtssicherheit bzw. Dispositionsschutz kommt. Das gewährleisten neben den besonderen Ausschlußregelungen des gewerblichen Anlagengenehmigungs- und des Planfeststellungsrechts in geringerem Maße auch die einfachen Baugenehmigungen vermöge ihrer Fähigkeit, Dritten gegenüber bestandskräftig zu werden. Erst die Stabilisierungswirkung behördlicher Zulassungsregelungen macht subjektive Nachbarrechte aus objektivem Verwaltungsrecht für Bauherren und Anlagenbetreiber zumutbar. Wenn beispielsweise die Judikatur des BVerwG zur Nachbarklage aus öffentlichrechtlichem Rücksichtnahmegebot wegen ihrer Verunsicherungswirkung kritisiert worden ist[24], so schafft doch die Fähigkeit der Baugenehmigung zur Bestandskraft ein immer noch beachtliches Maß an Dispositionsschutz, wenn man den Vergleich mit der hochgradigen Unsicherheit anstellt, die eine Einbeziehung entsprechender Rücksichtnahmepflichten in den Schutzumfang der §§ 903, 906 BGB zur Folge hätte. – *Je wirkungsvoller die Präklusion, desto großzügiger kann man bei der Zuerkennung subjektiver öffentlicher Nachbarrechte verfahren, und umgekehrt.*

---

24 Siehe Einleitung, Anm. 1.

Literaturverzeichnis

Apelt, Karl: Das Königlich Sächsische Gesetz über die Verwaltungsrechtspflege vom 19. Juli 1900 und die Nebengesetze vom 20. Juli 1900 und vom 26. März 1904. 2. Aufl. Leipzig 1911.

Bachof, Otto: Die verwaltungsgerichtliche Klage auf Vornahme einer Amtshandlung. Tübingen 1951.

— Begriff und Wesen des sozialen Rechtsstaates, in: VVDStRL H. 12 (1954), S. 37-84.

— Reflexwirkungen und subjektive Rechte im öffentlichen Recht, in: Forschungen und Berichte aus dem öffentlichen Recht. Gedächtnisschrift für Walter Jellinek, hg. von O. Bachof, M. Drath, O. Gönnenwein, E. Walz. München 1955, S. 287-307.

— Urteilsanmerkung zu BVerwG v. 18. 8. 1960 - I C 42.59 -, E 11, 95, in: DVBl. 1961, S. 128-132.

Bähr, Otto: Der Rechtsstaat. Kassel - Göttingen 1864.

Baltz, Constanz: Preußisches Baupolizeirecht. 1. Aufl. Berlin 1897.

Baltz, Constanz/*Fischer,* Friedrich Wilhelm: Preußisches Baupolizeirecht. 6. Aufl. Berlin 1938, unveränderter Nachdruck 1954.

Bartlsperger, Richard: Subjektives öffentliches Recht und störungspräventive Baunachbarklage, in: DVBl. 1971, S. 723-732.

Bauer, Hartmut: Geschichtliche Grundlagen der Lehre vom subjektiven öffentlichen Recht. Berlin 1986.

Bazille: Die Bedeutung von Einsprachen und von Parteiverabredungen im Konzessionsverfahren nach § 16 der Gewerbeordnung (lästige Anlagen), in: Württ.RPflZ 1910, S. 120-128.

Behr, Wilhelm Joseph: Die Verfassung und Verwaltung des Staats, dargestellt in einer Reihe von Erörterungen ihrer wichtigsten Momente. Eine Zeitschrift. Bd. 2, Nürnberg 1812.

Berg, Günther Heinrich von: Handbuch des Teutschen Policeyrechts. 7 Bde. Hannover 1799-1809.

Bernatzik, Edmund: Rechtsprechung und materielle Rechtskraft. Wien 1886.

— Zur Lehre von dem freien Ermessen der Verwaltungsbehörden als Grund der Unzuständigkeit der Verwaltungsgerichte, in: Grünhuts Zs. Bd. 18 (1891), S. 148-163.

Bernewitz, A. von: Die Reichs-Gewerbeordnung. 5. Aufl. Leipzig 1893.

Bettermann, Karl August: Anmerkung zu OVG NW v. 16. 10. 1957 - III A 1737/55 -, in: MDR 1958, S. 272-274.

— Gewerberechtliche Nachbarklage? In: NJW 1961, S. 1097-1099.

Bitzer, Friedrich: Neue allgemeine Bauordnung für das Königreich Württemberg. Stuttgart 1872.

Bluntschli, Johann Kaspar/*Dahn,* Felix: Deutsches Privatrecht. 3. Aufl. München 1864.

Böckenförde, Ernst-Wolfgang: Gesetz und gesetzgebende Gewalt. 2. Aufl. Berlin 1981.

Böhmer, Justus Henning (Praeses)/*Nesen,* Christian Siegfried (Resp.): Diss. inauguralis de natura statutorum, quae in civitatibus provincialibus conduntur eorumque obligandi principiis. Halle 1721 = J. H. Böhmer, Exercitationes ad Pandectas, Bd. 1. Hannover - Göttingen 1745, Exercitatio XV, p. 649 ff.

Bornhak, Conrad: Das Verwaltungsstreitverfahren nach preußischem Rechte, in: Annalen des Deutschen Reiches Jg. 1899, S. 329-381.

— Preußisches Staatsrecht. 3 Bde. 2. Aufl. Breslau 1911, 1912, 1914.

Brauchitsch, Max von: Verwaltungsgesetze für Preußen. Neu herausgegeben von Bill Drews und Gerhard Lassar, 24. Aufl., Bd. 1 Berlin 1930, Bd. 2 ebenda 1932.

Breuer, Rüdiger: Die Bodennutzung im Konflikt zwischen Städtebau und Eigentumsgarantie. München 1976.

— Das baurechtliche Gebot der Rücksichtnahme – ein Irrgarten des Richterrechts, in: DVBl. 1982, S. 1065-1073.

Bühler, Ottmar: Die subjektiven öffentlichen Rechte und ihr Schutz in der deutschen Verwaltungsrechtsprechung. Berlin - Stuttgart - Leipzig 1914.

Bullinger, Martin: Öffentliches Recht und Privatrecht. Stuttgart - Berlin - Köln - Mainz 1968.

Danz, August Friedrich: Handbuch des heutigen deutschen Privatrechts. 2. Aufl. Bd. 2 Stuttgart 1800.

Dernburg, Heinrich: Lehrbuch des Preußischen Privatrechts und der Privatrechtsnormen des Reichs. 2. Aufl. Bd. 1. Halle 1879.

Diederichsen, Uwe: Ausbau des Individualschutzes gegen Umweltbelastungen als Aufgabe des bürgerlichen und des öffentlichen Rechts. Referat (Schwerpunkt: Zivilrecht). In: Verhandlungen des sechsundfünfzigsten Deutschen Juristentages, Bd. II. München 1986, Teil L, S. L 48-106.

Dittus, Wilhelm: Baurecht im Werden. München - Berlin 1951.

Dyroff, Anton: Bayerisches Verwaltungsgerichtsgesetz. 7. Aufl. Ansbach 1928.

Ebel, Wilhelm: Geschichte der Gesetzgebung in Deutschland. Hannover 1956.

Eichhorn, Karl Friedrich: Einleitung in das deutsche Privatrecht mit Einschluß des Lehenrechts. 3. Aufl. Göttingen 1829.

Erichsen, Hans-Uwe: Verfassungs- und verwaltungsgeschichtliche Grundlagen der Lehre vom fehlerhaften belastenden Verwaltungsakt und seiner Aufhebung im Prozeß. Frankfurt a. M. 1971.

Ernst, Werner/*Zinkahn,* Willy/*Bielenberg,* Walter: Bundesbaugesetz. Kommentar. Loseblattausgabe München 1965 ff. (Stand August 1986).

Eyermann, Erich: Wider die Aufblähung der Klagebefugnis im verwaltungsgerichtlichen Verfahren, in: BayVBl. 1974, S. 237-243.

Fezer, Karl-Heinz: Teilhabe und Verantwortung. München 1986.

Fischer, Wolfram: Handwerksrecht und Handwerkswirtschaft um 1800. Berlin 1955.

Florencourt: Artikel „Privilegium", in: Carl Friedr. Häberlin (Hg.), Repertorium des Teutschen Staats und Lehnrechts, Vierter Theil, Leipzig 1795, S. 283-294.

Foerstemann, Theodor: Principien des preußischen Polizeirechts. Berlin 1869.

Forsthoff, Ernst: Die Verwaltung als Leistungsträger. Stuttgart - Berlin 1938.

— Lehrbuch des Verwaltungsrechts. 1. Bd., Allgemeiner Teil. 2. Aufl. München - Berlin 1951. 3. Aufl. ebenda 1953. 6. Aufl. ebenda 1956.

Gallenkamp: Der privatrechtliche Inhalt der §§ 17, 19 und 26 der Gewerbeordnung, in: Sächs. Arch. Bd. 1 (1891), S. 705-731.

Gerber, Carl Friedrich von: Grundzüge des Deutschen Staatsrechts. 3. Aufl. Leipzig 1880.

Gneist, Rudolf von: Der Rechtsstaat und die Verwaltungsgerichte in Deutschland. 2. Aufl. Berlin 1879.

— Artikel „Beschwerde (verwaltungsrechtliche)", in: Holtzendorffs Rechtslexikon. 3. Aufl. Bd. 1. Leipzig 1880, S. 322-328.

— Artikel „Verwaltungsjurisdiktion, Verwaltungsjustiz", in: Holtzendorffs Rechtslexikon. 3. Aufl. Bd. 3, 2. Leipzig 1881, S. 1113-1124.

Gönnenwein, Otto: Die Anfänge des kommunalen Baurechts, in: Kunst und Recht – Festgabe für Hans Fehr. Karlsruhe 1948, S. 71-135.

Gönner, Nicolaus Thaddäus: Teutsches Staatsrecht. Landshut 1804.

Götz, Volkmar: Bauleitplanung und Eigentum. Frankfurt a. M. - Berlin 1969.

Goez, Karl: Die Verwaltungsrechtspflege in Württemberg. Tübingen - Leipzig 1902.

Grein, F. C. A.: Baurecht nach den Vorschriften des Allgemeinen Landrechts. Berlin 1863.

Gruchot, Johann Adam: Glossen zum Allgemeinen Landrecht. Allgemeines Landrecht Th. I Tit. 8. Vom Eigenthume, in: Gruchot Bd. 6 (1862), S. 90-135.

Grunsky, Wolfgang: Neue Rechtsprechung und Literatur zum Nachbarrecht, in: JurAn. 1970, S. 407-428.

Häberlin, Carl Friedrich: Handbuch des Teutschen Staatsrechts. 3 Bde. 2. Aufl. Berlin 1797.

Henke, Wilhelm: Das subjektive öffentliche Recht. Tübingen 1968.

Hesse, Ch. A.: Über die Rechtsverhältnisse zwischen Grundstücks-Nachbarn. Bd. 2. Eisenberg 1861.

— Die Negatorienklage, ihre Veranlassung und Richtung, in: JherJb. Bd. 8 (1866), S. 82-133.

Hofacker, W.: Zum Umschwung der Rechtsprechung des Sächsischen Oberwaltungsgerichts, in: WürttRPflZ 1936, S. 161-164.

Hohl, C.: Gesetz über die Verwaltungsrechtspflege vom 16. Dezember 1876. Stuttgart 1877.

Holtzendorff, Franz von (Hg.): Rechtslexikon. Encyklopädie der Rechtswissenschaft in alphabetischer Bearbeitung. Zweiter Theil. 3. Aufl. Leipzig 1880 ff.

Holzschuher, Rudolph Frhr. von: Theorie und Casuistik des gemeinen Civilrechts. Bd. 2 Abt. 1. Leipzig 1845.

Ihering, Rudolf von: Zur Lehre von den Beschränkungen des Grundeigenthümers im Interesse der Nachbarn, in: JherJb. Bd. 6 (1863), S. 81-130.

— Geist des römischen Rechts auf den verschiedenen Stufen seiner Entwicklung. 3. Aufl. 3. Teil 1. Abt. Leipzig 1877.

Jauernig, Othmar: Zivilrechtlicher Schutz des Grundeigentums in der neueren Rechtsentwicklung, in: JZ 1986, S. 605-613.

Jellinek, Georg: System der subjektiven öffentlichen Rechte. 2. Aufl. Tübingen 1905.

Jeserich, Kurt G. A./*Pohl,* Hans/*Unruh,* Georg Christoph von: Deutsche Verwaltungsgeschichte.
Band 1: Vom Spätmittelalter bis zum Ende des Reiches. Stuttgart 1983.
Band 2: Vom Reichsdeputationshauptschluß bis zur Auflösung des Deutschen Bundes. Stuttgart 1983.
Band 4: Das Reich als Republik und in der Zeit des Nationalsozialismus. Stuttgart 1985.

Kahr, Gustav: Das bayerische Gesetz über die Errichtung eines Verwaltungsgerichtshofes und das Verfahren in Verwaltungsrechtssachen vom 8. August 1878. Hg. und erl. von G. Kahr. Nördlingen 1879 (zit. VGH-Gesetz).

Kletke, G. M.: Gewerbe-Ordnung für den Norddeutschen Bund vom 21. Juni 1869. Nebst dem Entwurf dieses Gesetzes und dessen Motiven. Berlin 1870.

Koch, C. F.: Allgemeines Landrecht für die Preußischen Staaten. Kommentar. 8. Aufl. Bd. 1 Berlin - Leipzig 1884.

Koch, Wilhelm: Deutschlands Eisenbahnen. Teil 1. Marburg 1858.

Königsheim, A. W.: Das Königlich Sächsische Gewerbegesetz vom 15. October 1861. Leipzig - Dresden 1861.

Konrad, Horst: Verwaltungsrechtsschutz im Nachbarschaftsverhältnis, in: BayVBl. 1984, S. 33-37, 70-74.

Krais, Wilhelm: Gesetz vom 8. August 1878, die Errichtung eines Verwaltungsgerichtshofes und das Verfahren in Verwaltungsrechtssachen betreffend. Erlangen 1879 (zit. VGH-Gesetz).

Krüger: Ausnahmebewilligung und Widerspruch des Nachbarn im Baurecht, in: FischersZ Bd. 34 (1908), S. 269-284.

Krüger (Oberverwaltungsgerichtsrat): Die neue Rechtsprechung des sächsischen Oberverwaltungsgerichts, in: VerwArch. Bd. 41 (1936), S. 177-192.

Laband, Paul: Das Staatsrecht des Deutschen Reiches. 1. Aufl. Bd. 1 und 2. Tübingen 1876, 1878; 5. Aufl. Bd. 1 und 2. Tübingen 1911.

Landmann, Robert von/*Rohmer,* Gustav: Die Gewerbeordnung für das Deutsche Reich, Bd. 1. 3. Aufl. München 1897; 10. Aufl. München - Berlin 1952.

Laubinger, Hans-Werner: Der Verwaltungsakt mit Doppelwirkung. Göttingen 1967.

Laun, Rudolf von: Das freie Ermessen und seine Grenzen. Leipzig - Wien 1910.

Leist, Justus Christoph von: Lehrbuch des teutschen Staatsrechts. 1. Aufl. Göttingen 1803.

Lemayer, Karl Frhr. von: Apologetische Studien zur Verwaltungsgerichtsbarkeit, in: Grünhuts Zs. Bd. 22 (1895), S. 353-488.

Leuthold, Karl Edwin: Das königlich sächsische Verwaltungsrecht. Leipzig 1878.

Linder, Otto: Die Entstehung der Verwaltungsrechtspflege des Geheimen Rats in Württemberg. Berlin 1940.

Link, Christoph: Das Gesetz im späten Naturrecht, in: Zum römischen und neuzeitlichen Gesetzesbegriff, hg. von O. Behrends und C. Link. Göttingen 1987, S. 150-177.

Loening, Edgar: Die deutsche Verwaltungsrechtspflege, in: Jahrbuch für Gesetzgebung NF Bd. 5 (1881), S. 363-377.

— Lehrbuch des Deutschen Verwaltungsrechts. Leipzig 1884.

Lyncker, Nicolaus Christoph von: Consultationes iuris selectae. 2. Aufl. Bd. 2. Jena 1736.

Mayer, Otto: Theorie des französischen Verwaltungsrechts. Straßburg 1886.

— Deutsches Verwaltungsrecht. 2 Bde. 2. Aufl. München - Leipzig 1914, 1917.

Mencke(n), Lüder (Praeses)/*Jessen,* Johann Christian (Resp.): Diss. juridica de statutorum non confirmatorum effectu. Leipzig 1697.

Meyer, Georg: Lehrbuch des Deutschen Verwaltungsrechtes. 2. Aufl. Bd. 1. Leipzig 1893.

Meyer-Hesemann, Wolfgang: Methodenwandel in der Verwaltungsrechtswissenschaft. Heidelberg - Karlsruhe 1981.

Mittermaier, C. J. A.: Grundsätze des gemeinen deutschen Privatrechts mit Einschluß des Handels-, Wechsel- und Seerechts. 2 Bde. 3. Aufl. Landshut 1827. 7. Aufl. Regensburg 1847.

— Beiträge zur Lehre von den Gegenständen des bürgerlichen Processes, in: AcP Bd. 4 (1829), S. 305-370.

Mugdan, B.: Die gesammten Materialien zum Bürgerlichen Gesetzbuch für das Deutsche Reich, 1899. III. Bd. Sachenrecht.

Nelken, F.: Das Gewerberecht in Preußen. Bd. 1. Berlin 1906.

Ogorek, Regina: Actio negatoria und industrielle Beeinträchtigung des Grundeigentums, in: Wissenschaft und Kodifikation des Privatrechts im 19. Jahrhundert, Bd. IV, hg. von H. Coing und W. Wilhelm. Frankfurt a. M. 1979, S. 40-78.

Oppenhoff, Theodor F.: Die Preußischen Gesetze über die Ressort-Verhältnisse zwischen den Gerichten und den Verwaltungsbehörden. Berlin 1863.

Ossenbühl, Fritz: Verwaltungsvorschriften und Grundgesetz. Bad Homburg v.d.H. - Berlin - Zürich 1968.

Pagenstecher, Ernst: Die römische Lehre vom Eigenthum in ihrer modernen Anwendbarkeit. 2 Bde. Heidelberg 1857, 1858.

Pfizer, Carl von: Über die Grenzen zwischen Verwaltungs- und Civil-Justiz und über die Form bei Behandlung der Verwaltungsjustiz. Stuttgart 1828.

Pirson, D.: Artikel „Jura quaesita", in: Handwörterbuch zur deutschen Rechtsgeschichte, hg. von A. Erler und E. Kaufmann, II. Bd. Berlin 1978, S. 473-475.

Plathner, Otto: Der Geist des Preußischen Privatrechts. Bd. 1. Berlin 1854.

Poppitz, Johannes: Die Anfänge der Verwaltungsgerichtsbarkeit, in: AöR Bd. 72 (1943), S. 158-221, Bd. 73 (1944), S. 3-40.

Preu, Peter: Polizeibegriff und Staatszwecklehre. Göttingen 1983.

Protokolle der Kommission für die zweite Lesung des Entwurfs des Bürgerlichen Gesetzbuchs für das Deutsche Reich. Im Auftrage des Reichs-Justizamts bearbeitet von Achilles, Gebhard, Spahn. Bd. III (1899): Sachenrecht (zit. „Protokolle").

Puchta, Wolfgang Heinrich: Über die gerichtlichen Klagen, besonders in Streitigkeiten der Landeigentümer. 2. Aufl. Gießen 1840.

Pütter, Johann Stephan: Anleitung zum Teutschen Staatsrechte. Aus dem Latein. von C. A. F. Graf von Hohenthal, mit Vorr. und Anm. von F. W. Grimm. 2 Bde. Bayreuth 1792.

Ramsauer, Ulrich: Die Rolle der Grundrechte im System der subjektiven öffentlichen Rechte, in: AöR Bd. 111 (1987), S. 501-536.

Redeker, Konrad: Das baurechtliche Gebot der Rücksichtnahme, in: DVBl. 1984, S. 870-874.

Reyscher, August Ludwig: Das gesammte württembergisches Privatrecht. 1. Aufl. Bd. 1, 1. Tübingen 1836.

Riccius, Christian Gottlieb: Zuverlässiger Entwurf von Stadt-Gesetzen. Frankfurt a. M. - Leipzig 1740.

Robbers, Gerhard: Sicherheit als Menschenrecht. Baden-Baden 1987.

Rönne, Ludwig von: Die Gewerbe-Polizei des Preußischen Staates (Die Verfassung und Verwaltung des Preußischen Staates, 7. Theil). 2 Bde. Breslau 1851.

Roesler, Hermann: Lehrbuch des Deutschen Verwaltungsrechts. 1. Bd., 2. Abt. Erlangen 1872, 1873.

— Über Verwaltungsgerichtsbarkeit, in: Grünhuts Zs. Bd. 1 (1874), S. 181-200.

Rüfner, Wolfgang: Verwaltungsrechtsschutz in Preußen von 1749 bis 1842. Bonn 1962.

Rumpelt, Anselm: Die Neugestaltung des sächsischen Baurechts, in: FischersZ Bd. 22 (1901), S. 1-19.

— Allgemeines Baugesetz für das Königreich Sachsen vom 1. Juli 1900 in der Fassung des Abänderungsgesetzes vom 20. Mai 1904. 4. Aufl. Leipzig 1911.

Sarwey, Otto von: Über das Recht der Nachbarn zur Einsprache gegen einen ihre Personen und den Genuß ihres Eigenthums wesentlich störenden Gewerbebetrieb in dem Nachbargebäude, in: Württ.Arch. Bd. 1 (1858), S. 135-165.

— Ueber Administrativjustiz nach Württembergischem Rechte, in: Württ.Arch. Bd. 14 (1871), S. 185-229, Bd. 15 (1873), S. 1-107, Bd. 17 (1876), S. 1-89, Bd. 18 (1877), S. 321-401.

— Die neue allgemeine Bauordnung, in: Württ.Arch. Bd. 15 (1873), S. 348-382.

— Ist gegen eine die Bauerlaubnis ertheilende Ministerialverfügung eine Beschwerde an den K. Geheimenrath als oberste Administrativ-Justizbehörde in Verfolgung einer auf polizeiliche, öffentlich-rechtliche Vorschriften der Bauordnung gestützten Einwendung gegen ein Bauvorhaben statthaft? In: Württ.Arch. Bd. 17 (1876), S. 239-261.

— Das öffentliche Recht und die Verwaltungsrechtspflege. Tübingen 1880.

— Allgemeines Verwaltungsrecht. (Handbuch des Oeffentlichen Rechts, 1. Bd., 2. Halbb.) Freiburg i. B. - Tübingen 1884.

Schecher, Karl Ludwig: Gewerbepolizeirecht des Deutschen Reiches. Tübingen 1910.

Scheele, E.: Das Preußische Wasserrecht. Lippstadt 1860.

Schelcher, Herbert: Verwaltungsgerichtsbarkeit und Baurecht in der neueren Rechtsprechung des Sächsischen Oberverwaltungsgerichts, in: RVerwBl. 1937, S. 149-154.

Schicker, von: Die Gewerbeordnung für das Deutsche Reich. Bd. 1. 4. Aufl. Stuttgart 1901.

Schindler, Friedrich von: Neue Allgemeine Bauordnung für das Königreich Württemberg. Stuttgart 1896.

Schlichter, Otto: Baurechtlicher Nachbarschutz. Referat, in: Dokumentation zum Siebten Deutschen Verwaltungsrichtertag 1983, hg. vom Bund Deutscher Verwaltungsrichter. München 1983, S. 168-190.

Schlosser, Johann Georg: Briefe über die Gesetzgebung überhaupt und den Entwurf des preußischen Gesetzbuchs insbesondere. Frankfurt a. M. 1789 (ND Glashütten i. Ts. 1970).

Schmädel, Max von: Hanbuch der im Gebiete der Baupolizei-Verwaltung und des Bau- resp. Nachbarn-Rechts bestehenden Gesetze und Verordnungen in Verbindung mit den Bestimmungen der Bau-Ordnungen der ehemaligen freien Reichs- und der größeren Städe Bayerns diesseits des Rheins. Augsburg 1846.

Schmidt, Detlef: Die Unterscheidung von privatem und öffentlichem Recht. Baden-Baden 1985.

Schmidt-Aßmann, Eberhard: Grundfragen des Städtebaurechts. Göttingen 1972.

— Öffentlich-rechtlicher Grundeigentumsschutz und Richterrecht, in: Richterliche Rechtsfortbildung. Festschrift der Juristischen Fakultät zur 600-Jahr-Feier der Ruprecht-Karls-Universität Heidelberg. Heidelberg 1986, S. 107-135.

Schnaubert, Andreas Joseph: Können landsäßige Städte Statute ohne landesherrliche Konceßion machen oder nicht? In: ders., Beyträge zum deutschen Staats- und Kirchenrecht. Gießen 1782, S. 61-69.

Schulte, Hans: Eigentum und öffentliches Interesse. Berlin 1970.

Schulze, Reiner: Johann Georg Schlosser und die Idee eines reinen Zivilrechts-Gesetzbuches, in: ZHistF Bd. 6 (1979), S. 317-344.

— Geschichte der neueren vorkonstitutionellen Gesetzgebung, in: ZRG GA Bd. 98 (1981), S. 157-235.

— Policey und Gesetzgebungslehre im 18. Jahrhundert. Berlin 1982.

Schwerdtfeger, Gunther: Grundrechtlicher Drittschutz im Baurecht, in: NVwZ 1982, S. 5-11.

— Baurechtlicher Drittschutz und Parlamentsvorbehalt, in: NVwZ 1983, S. 199-201.

Sendler, Horst: Der Nachbarschutz im Städtebaurecht, in: BauR 1970, S. 4-15, 74-85.

— Wer gefährdet wen: Eigentum und Bestandsschutz den Umweltschutz – oder umgekehrt? In: UPR 1983, S. 33-46.

Seuffert, Johann Adam: Kommentar über die bayerische Gerichtsordnung (Codex juris bavarici judiciarii de anno 1753). Bd. 1. Erlangen 1836.

Seuffert, J. A./*Seuffert,* E. A.: Praktisches Pandektenrecht. 4. Aufl. Bd. 1, Würzburg 1860.

Seydel, Max von: Die Verwaltungsrechtspflege in Bayern, in: Annalen des Deutschen Reiches 1885, S. 213-277.

— Bayerisches Staatsrecht. 4 Bde. 2. Aufl. Freiburg - Leipzig 1896.

Siebenhaar, Eduard/*Siegmann,* Georg: Commentar zu dem bürgerlichen Gesetzbuche für das Königreich Sachsen. Bd. 1. Leipzig 1864.

Spangenberg: Einige Bemerkungen über das Nachbarrecht, in: AcP Bd. 9 (1826), S. 265-272.

Stahl, Friedrich Julius: Rechts- und Staatslehre auf der Grundlage christlicher Weltanschauung (Die Philosophie des Rechts, Bd. 2, 3. Aufl.), 2 Abt. Heidelberg 1854, 1856.

Staudinger: J. von Staudingers Kommentar zum Bürgerlichen Gesetzbuch und dem Einführungsgesetze. 2. Aufl. VI. Bd.: Einführungsgesetz. Erläutert von J. Wagner, K. Kober, L. Kuhlenbeck. München 1906.

Strube, David Georg: Gründlicher Unterricht von Regierungs- und Justiz-Sachen ... Hildesheim 1733.

Stump, Ulrich: Preußische Verwaltungsgerichtsbarkeit 1875-1914. Verfassung – Verfahren – Zuständigkeit. Berlin 1980.

Tezner, Friedrich: Über das freie Ermessen der Verwaltungsbehörden als Grund der Unzuständigkeit der Verwaltungsgerichte, in: Grünhuts Zs. Bd. 19 (1892), S. 327-411.

— Die deutschen Theorien der Verwaltungsrechtspflege. Eine kritisch-orientirende Studie, in: VerwArch. Bd. 8 (1900), S. 220-279.

Vitzthum von Eckstädt, Carl Graf: Das Sächsische Baugesetz vom 1. Juli 1900. 2. Aufl. Leipzig 1936.

Weishaar, Jakob Friedrich: Handbuch des Württembergischen Privatrechts. Theil 2. Stuttgart 1805.

Werenberg, W.: Über die Collision der Rechte verschiedener Grundeigenthümer, in: JherJb. Bd. 6 (1863) S. 1-80.

Westermann, Harry: Nachbarrechtliche Vorschriften in einem Bundesbaugesetz. Rechtsgutachten. In: Bauliches Nachbarrecht. Schriftenreihe des Bundesministers für Wohnungsbau, Bd. 4, 1954.

Weyreuther, Felix: Verwaltungskontrolle durch Verbände? Düsseldorf 1975.

Ziegler, Caspar: De juribus Majestatis tractatus academicus. Wittenberg 1681.

Zwierlein, Christian Jacob von: Vermischte Briefe und Abhandlungen über die Verbesserung des Justizwesens am Kammergerichte. Teil II. Berlin 1767.

FSC
www.fsc.org
MIX
Papier | Fördert
gute Waldnutzung
FSC® C083411

Kolibri 360 GmbH
Ferdinand-Jühlke-Straße 7
99095 Erfurt, Deutschland
produktsicherheit@kolibri360.de

Druck:
CPI Druckdienstleistungen GmbH
im Auftrag der
Kolibri 360 GmbH
Ferdinand-Jühlke-Str. 7
99095 Erfurt